初创企业股权投资者异质性研究

刘虹◎著

企业管理出版社
ENTERPRISE MANAGEMENT PUBLISHING HOUSE

图书在版编目（CIP）数据

初创企业股权投资者异质性研究 / 刘虹著 . -- 北京 : 企业管理出版社 , 2022.6

ISBN 978-7-5164-2314-1

Ⅰ . ①初… Ⅱ . ①刘… Ⅲ . ①股份公司 – 企业管理 – 研究 – 中国 Ⅳ . ① F279.246

中国版本图书馆 CIP 数据核字 (2020) 第 260043 号

书　　名：初创企业股权投资者异质性研究
作　　者：刘　虹
责任编辑：杨慧芳
书　　号：ISBN 978-7-5164-2314-1
出版发行：企业管理出版社
地　　址：北京市海淀区紫竹院南路 17 号　邮编：100048
网　　址：http://www.emph.cn
电　　话：发行部（010）68701816　编辑部（010）68420309
电子信箱：314819720@qq.com
印　　刷：北京虎彩文化传播有限公司
经　　销：新华书店
规　　格：710 毫米 ×1000 毫米　16 开本　12.25 印张　176 千字
版　　次：2023 年 2 月第 1 版　2023 年 2 月第 1 次印刷
定　　价：78.00 元

前 言

初创企业是经济增长和创新的重要来源，通过向市场提供新产品或服务并创造大量就业机会来创造财富，成为推动经济社会发展的主要力量，在创业型经济（Entrepreneurial Economy）中发挥着重要作用。初创企业一般很难跨越早期的“死亡之谷”，其成功依赖于一个强大的创业生态系统。此外，以风险投资者为主的股权投资者组合在初创企业的成长中也发挥着重要作用。股权投资者不仅为初创企业提供资本，还为其提供信息、知识、经验和网络。因此，研究股权投资者组合对初创企业绩效影响的作用机制，特别是从异质性的角度切入股权投资者组合，并将创业生态系统作为调节因子，考察股权投资者异质性与初创企业绩效之间的关系是极具现实意义的重要课题。

本研究选择 824 家中国初创企业为样本，构建多元逻辑回归模型，验证了股权投资者异质性对初创企业绩效的影响。在此基础上，进一步构建含交互项的逻辑回归模型，验证了创业生态系统对股权投资者异质性与初创企业绩效之间关系的调节作用，同时运用中介模型的三步法和结构方程，验证了公司治理对股权投资者异质性与初创企业绩效之间关系的中介作用。

通过上述实证研究，本书的主要研究结论如下。

（一）股权投资者异质性不同维度对初创企业绩效的影响有所差异。初创企业股权投资者具有多样化价值，不同股权投资者的共同投资影响初创企业绩效。股权投资者异质性是一个多维概念，可以从不同理论视角对投资者异质性进行分类。不同维度的股权投资者异质性对初创企业绩效的影响不同。股权投资者类型异质性、地位异质性对初创企业首次公开募股（Initial Public Offering，IPO）有显著的正相关关系；认知异质性对初创企业并购有显著的正相关关系；国别异质性对生存绩效有显著的正相关关系，经稳健性检验，结果保持稳健。因此，研究结论对于初创企业把握影响绩效的关键股权投资者要素，通过优化融资决策行为谋求更好的绩效水平，具有一定的启示作用。

（二）不同创业生态系统下，股权投资者异质性与初创企业绩效之间关系呈现不同的规律。强创业生态系统组对股权投资者类型异质性与初创企业 IPO 之间关系有负向调节作用；股权投资者五个维度异质性与并购指标之间关系都受强创业生态系统组的影响；强创业生态系统组对股权投资者类型异质性与初创企业停业之间关系有正向调节作用。这些结论对于地区构建创业生态系统具有政策参考价值。

（三）股权投资者异质性通过初创企业治理对初创企业绩效产生影响。主要影响是融资合同机制和认知治理，多元化的股权投资者减轻了企业家与投资者之间的逆向选择和道德问题。此外，创业团队规模对国别投资者异质性与生存绩效之间有显著的中介效应。创投机构董事会席位对国别投资者异质性与生存绩效之间有弱的中介效应。

本研究可能的创新点体现在以下三个方面。

（一）多维度揭示了股权投资者异质性对于初创企业绩效的重要性。本研究将天使和加速器纳入股权投资者异质性考量范围，并从股权投资者类型、认知、网络地位、女性歧视和国际投资五个维度考察股权投资者异质性对初创企业绩效的影响，揭示了股权投资者异质性对于初创企业绩效的重要性。

（二）将创业生态系统作为重要背景，验证了股权投资者异质性对初创企业影响的差异性。本研究首次利用实证数据验证创业生态系统对股权投资者和初创企业的作用关系，突出了创业生态系统对于初创企业的重要性。这一方面有助于弥补已有实证研究忽视创业生态系统微观层面的缺陷，另一方面也丰富了初创企业研究成果。

（三）将新的测量方法和新的中介效应模型运用到实证研究。本实证研究运用了网络地位新的测量方法和验证中介效应的结构方程模型。网络地位的测量是实证研究中的难题，本研究借鉴 Wang（2018）的测量方法，将知名度作为网络地位的代理变量，收集了清科集团 19 年的“中国创业投资机构 50 强”排名，测算了知名度指数。这一新的测量方法比较准确地测算出股权投资者地位异质性。在验证公司治理的中介效应时，我们使用了结构方程模型，以其输出的结果显示中介效应程度。

目录

第1章 绪论

第 2 章 相关文献回顾与评述

第 3 章 理论分析与研究假设

第1章

绪 论

1.1 研究背景

1.1.1 实践背景

初创企业是经济增长和创新的重要来源，通过向市场提供新产品或服务并创造大量就业机会来创造财富，成为推动经济社会发展的重要力量，在创业型经济中发挥着重要作用。Audretsch 和 Thurik（2000）指出，以管理型经济为特征的战后时代已被当代的创业型经济取代。管理型经济被定义为经济绩效与企业规模、规模经济，以及常规化生产和创新呈正相关的经济。相比之下，创业型经济被定义为经济绩效与分布式创新，以及创新企业的出现和增长相关的经济。创业型经济的特点是制度和政策方法的融合，旨在通过创业活动促进知识的创造和商业化。在此背景下，各国政府开始有针对性地通过营造创业环境，促进创业活动，以刺激新企业的启动，获得战略优势。

根据《2019/2020 年 GEM 全球企业家监测报告》，早期创业活动（TEA）比例指标中国排名第 35 位[1]，与英国和德国的数值比较接近。近几年，欧洲为了跟上全球市场步伐，政府、学术界和实业界一直很关注初创企业的培育，以美国硅谷为标杆，试图缩小差距。中国在培育初创企业方面，头

[1] 中国（8.7%），美国（17.4%），印度（15%），韩国（14.9%），英国（9.3%），德国（7.6%）。

部优势比较明显（见表 1.1），“独角兽”[1] 数量排名全球第二。但中国早期创业活动指数（TEA）与美国差距大，总体水平亟待提高。

初创企业的关键资源与获得融资有关，其成长过程中往往需要大量的金融资本来维持增长。在过去 20 年中，随着创业金融市场的发展，市场结构和参与者之间发生了许多重大变化，这些变化为学术研究提供了新的机会。全球化、技术和数字化、社会问题和后金融危机构成我们所处的环境背景，不仅影响初创企业的生存与发展，也给创业金融的研究带来更多值得思考的主题。

表 1.1　全球独角兽分布表

国别	“独角兽”数量	所占百分比
美国	156	47.9%
中国	94	28.8%
英国	17	5.2%
印度	13	4.0%
德国	8	2.5%
韩国	6	1.8%
其他地区	32	9.8%
合计	326	

资料来源：Visual Capitalist，2019.

金融市场的全球化使得初创企业能够从位于不同国家的投资者处获得资金（Devigne 等，2018；Mäkelä 和 Maula，2005）。互联网一方面给某些初创企业带来全球机遇，另一方面也显著降低某些类别的初创企业和产品制造成本，如软件（Oviatt 和 McDougall，1994）。IT 活动的全球化促使美国风险投资行业走向成熟，并开始跨境交易。随着全球化的蔓延，跨国界的风险资本（VC）投资也日趋活跃。

[1] 风险投资家 Aileen Lee 创造了“独角兽”一词，用以形容估值 10 亿美元及 10 亿美元以上的私人初创企业。

由于信息通信技术（Information and Communications Technology，ICT）革命存在多种途径，使初创企业比大型企业更具竞争力。人工智能、5G、区块链、物联网成为最受关注的 ICT 技术。数字技术的采用和实施孕育了无数的创业机会。云计算、数据分析、在线社区、社交媒体、3D 打印和数字创客空间等每一项创新都包含不确定的应用程序。目前，增长迅猛的领域是深技术子行业，这些行业需要有形的 IP 才能成功，例如生命科学，机器人技术和 AI[1]。创业活动的全球化加上全球技术和机构的变化，也增加了国家内部和国家之间的社会问题，两极分化快速扩大，加剧了社会不平等和性别歧视，人们在创业金融研究中也更多关注女性问题。

金融危机后出现了新的融资渠道，大大增加了初创企业可利用的资金选择。这些融资来源包括：技术园区、初创企业孵化器和加速器、商业天使和天使投资组织、股权众筹平台、风险投资基金、企业种子基金和直接投资于新企业的机构投资者等。金融科技公司的颠覆性效应和资本市场中基于互联网的细分市场促成了这些新的融资机制。

近年来出现了一种针对初创企业的新型融资生态系统（创业生态系统的子系统），对投资者和企业家都具有重要意义。它影响初创企业的成长路径，并在国家和全球范围内提出新的政策挑战。更大范围的融资渠道不仅对早期公司数量的空前增长起到了推动作用，而且还提出了新的问题，这些问题已经向学者、从业者和决策者提出了挑战（Bonini 等，2019）。

首先，创建初创企业（startup）已成为地区和个人从全球化和科技变革中获益的主要手段，而初创企业一般很难跨越早期的“死亡之谷”，其成功有赖于一个强大的创业生态系统。其次，以风险投资者为主的股权投资者组合在初创企业的成长中发挥着重要作用，因为股权投资者不仅为初创企业提供资本，还为其提供信息、知识、经验和网络。因此，研究股权

[1] 资料引自 Global Startup Ecosystem Report 2019- 将与深技术相关的子行业定义为 AI，区块链、生命科学、先进制造、机器人技术、农业技术 & 新食品和清洁技术。

投资者组合对初创企业绩效影响的作用机制，特别是从异质性的角度切入股权投资者组合，并将创业生态系统作为调节因子考察股权投资者异质性与初创企业绩效之间的关系，是一个极具现实意义的重要课题。

1.1.2 理论背景

在过去的10年中，创业生态系统的概念不仅在商业、管理和创业研究方面得到深度关注，而且在经济地理领域也引起了广泛的共鸣[1]。创业生态系统是一个具有凝聚力的，通常是区域性的企业家及其支持者社区所产生的利益和资源的概念框架，这些企业家和支持者可帮助新的高增长企业形成、生存和扩展（Spigel和Harrison, 2018）。根据Malecki（2018）的分析，相关领域已发表论文的数量大大增加了。将这段时期与1980年代至2000年代进行比较，可以清楚地看到，有关企业家或创业生态系统的科学出版物的数量已从每年少于10篇增加到2016年的139篇（Source: Scopus）和2017年的69篇（Source: Web of Science）（Malecki, 2018）。创业生态系统方法的普及似乎是基于不同地区和工业环境的普遍适用性。同时，该方法代表了一个整体框架，并关注创业环境，这是管理和创业研究中一直缺乏的观点，强调了对整体和动态方法的需求。

关于创业的大量文献可以追溯到熊彼特的著作《经济发展理论》（1934）。该类文献主要关注企业家对经济发展的重要性，以及企业家的个人特征对成功创业的重要性，同时也评估了环境因素的影响，但程度较小（Zahra等，2011）。很少有研究从真正的系统性和跨学科的角度看待创业（Acs等，2013；Qian等，2013）。创业生态系统学者认为，关于创业

[1] Schäfer, Susann, Mayer H. "Entrepreneurial Ecosystems: Founding Figures and Research Frontiers in Economic Geography [J]." ZeitschriftFür Wirtschafts geographie 2019, 63（2-4）: 55–63.

的文献有很多弱点[1]。首先，关于企业家精神的文献主要集中在个人或企业的特征和行为上（Shane 和 Venkataraman，2000）。学者们指出，有必要在更广泛的背景下（例如创业区域、时间和社会环境）了解创业（Autio 等，2014；Spilling，1996；Van de Ven，1993；Zahra 和 Wright，2011；Zahra 等，2014）。其次，创业研究缺乏一种集中于创业的、相互联系的、整体的创业方法。这并不是说尚未研究网络与创业之间的联系。相反，有大量的文献始于 1980 年代后期，探讨了不同网络在新的创业活动中的作用。但是，在最近的研究中表达了广泛的共识，即创业活动的系统性仍然不发达（Acs 等，2013；Gustafsson 和 Autio，2011；Qian 等，2013；Szerb 等，2012）。最后，一些创业研究将创业机会视为外生变量，没有将其视为创业过程的一部分（Qian 等，2013）。取而代之的是，从系统的创业来看，代理人会根据他们认为的新机会采取行动，并从其环境中调动资源来开发这些机会（Acs 等，2013）。

创业生态系统生物比喻最初是由詹姆斯·摩尔[2]（James Moore，1993）提出的，“商业生态系统是由原始资本、客户兴趣和新创新所产生的才干凝聚而成的，就像成功的物种源于阳光、水和土壤养分的自然资源”（Moore，1993）。美国创业学者丹尼尔·伊森伯格（Daniel Isenberg）借鉴摩尔的比喻，并致力于其推广，尤其是在非学术界的听众中（Isenberg，2010，2011）。根据初创企业咨询公司 Startup Genome 的报告，生态系统是围绕资源共享池的概念进行定义，通常位于给定区域中心点周围 100 公里的半径内，并根据本地实际情况有一些例外。这个定义强调了给定区域内创业资源的整合。Cohen（2006）是第一个使用创业生态系统概念的学者，将其定义为“在

[1] Alvedalen, Janna, Boschma R. “A Critical Review of Entrepreneurial Ecosystems Research: Towards a Future Research Agenda [J].” European Planning Studies, 2017, 25（6）: 887–903.

[2] Moore J F. “Predators and Prey: A New Ecology of Competition [J].” Harvard Business Review,1993. https://www.researchgate.net/profile/James_Moore29/publication/13172133_Predators_and_Prey_A_New_Ecolog y_of_Competition/links/59a9ad2d0f7e9bdd114ac690/Predators-and-Prey-A-New-Ecology-of-Competition.pdf.

本地地理社区中相互联系的参与者团体，致力于通过支持和促进新的可持续发展企业来实现可持续发展”。学者们强调了创业体系要素之间相互作用的重要性，这种相互作用可以提高一个地区的创业绩效。

生态系统的概念是一种内在的动态概念[1]，它承认创业过程和认知信念系统的重要性，而创业过程和认知信念系统是经济体内相互作用的基础。就像集群形成有进化逻辑一样（Feldman 和 Braunerhjelm, 2006），一些观察家指出，生态系统是“自然演化的系统”（Isenberg, 2010）。图 1.1 展示了衡量创业生态系统的 8 个维度[2]。

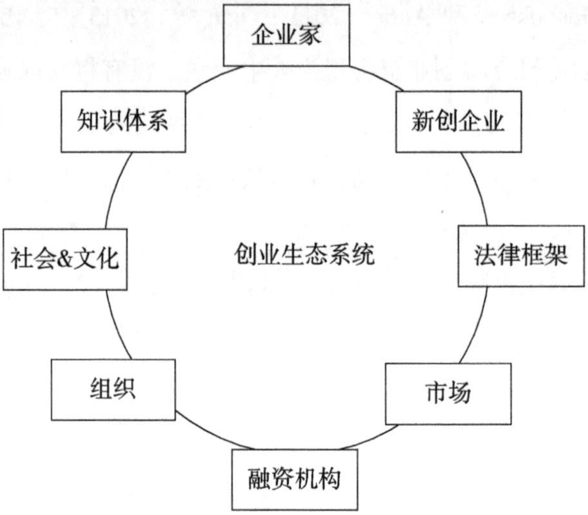

图 1.1　创业生态系统的衡量维度

生态系统方法强调了围绕创业过程的社会和经济环境的作用，而更传

[1] Brown, Ross, Mason C. “Looking inside the Spiky Bits: A Critical Review and Conceptualisation of Entrepreneurial Ecosystems [J].” Small Business Economics, 2017, 49（1）: 11–30.

[2] 目前关于创业生态系统的维度有多种分类，本研究采用的标准来自 Cukier, Daniel, Fabio Kon, EnxhiGjini, and Xiaofeng Wang. “Startup Ecosystem Maturity and Visualization: The Cases of New York, Tel Aviv, and San Paolo.” In Fundamentals of Software Startups: Essential Engineering and Business Aspects, edited by Anh Nguyen-Duc, Jürgen Münch, Rafael Prikladnicki, Xiaofeng Wang, and PekkaAbrahamsson,2020, 179–94. Cham: Springer International Publishing.

统的概念（工业区、集群、创新系统）则将创业公司视为大型国际公司的较小版本，而不是具有不同（或通常更受限制的）能力和资源（Stam 和 Spigel，2017）。在这种背景下，越来越多的学者在关注初创企业创业时倾向于采用创业生态系统方法，这不是因为其他概念根本没有考虑它们，而是由于此方法对创业过程有更具体的把握。因此，Stam 和 Spigel（2017）提出，创业生态系统方法不能取代现有的产业组织概念，但可以增加创业方面的特定价值。

综上所述，创业生态系统已成为创业研究的前沿理论，美国和加拿大的管理和创业学者（Cohen, Isenberg, 和 Feld）倡导并创造了创业生态系统方法。创业生态系统方法后在欧洲兴起，被欧洲学者（Mason, Brown, 和 Stam）采用[1]。经过 10 余年的发展，创业生态系统研究日趋丰富，引发了一系列值得进一步深挖的研究课题。

在股权投资者组合中，风险投资机构在联合投资中形成的以信息传递和互利为主要特征的辛迪加网络，是目前风险投资研究的前沿热点问题。现有文献主要从风险投资机构角度研究联合的动机、成本和收益，缺乏从初创企业角度研究联合投资对其绩效影响的一致性证据。因此，需要在股权投资者联合投资影响初创企业绩效的机制方面开展研究，即不同类型的股权投资者在联合投资中，这些互补性资产如何相互作用以及它们对初创企业产生的影响。

与初创企业相关的联合投资动机主要体现在如下两个方面：

（1）解决有关风险投资人与初创企业之间的信息不对称和道德风险的担忧。联合组织或对联合组织的承诺，被视为确保对被投企业投资的延续和放弃做出可靠承诺的必要机制，以及保护知识产权、协调金融和战略投资者利益的必要手段。

（2）增强单个投资的选择、增值和降低风险。通过求助于其他风险投资公司的评估，以确保投资选择的可靠性；获取其他风险投资人的专业知

[1] Malecki E J. “Entrepreneurship and Entrepreneurial Ecosystems [J].” Geography Compass, 2018（03）: 29–31.

识和社会网络，以增加自身资源，确保为初创企业的发展做出足够的贡献；通过减少其在所需投资中所占的份额来降低其承担的风险。

现有研究表明，联合投资影响初创企业绩效的两个主要机制是投资后管理和退出过程。首先，由于联合投资网络各部分独特资源的汇集以及参与机构的贡献，联合投资可能会提高单个投资的绩效。其次，股权投资者团体的存在，从其合法性和公信力两方面都有助于改善人们对初创企业的看法，促进企业获得更多机会、资源和合作伙伴。团体提供了增加的声誉资本，有助于证明退出过程中定价的质量和正确性。

初创企业与成熟企业相比，股权投资者的作用更加突出。对于股权投资者的作用以及创业者和投资者之间关系的研究，大部分学术文献主要从代理逻辑角度研究股权投资者的作用。通过对风险资本家在投资之前所做的投资进行分析研究，Kaplan 和 Strömberg（2003）对风险资本家是“积极的监管者”这一命题提供了直接证据，发现风险资本家在其所投资的公司的高层管理团队中起着重要的作用。最近的实证研究从认知逻辑角度来研究股权投资者的作用，根据这些研究，各种参与者依靠他们特有的认知背景和相互作用参与公司治理，影响战略产出和绩效。认知背景包括经验、教育、心智模式、决策启发等，相互作用指学习和认知过程等。认知逻辑让学者们更关注对投资者特征的研究，Miller（1977）提出“未来是不确定和难以预测的”。假设所有人对资产价值有相同估计就不合情理，不确定性意味着不同的人有不同估计才合理，并将这种不同估计称为观点分歧，从而将异质性引入金融学研究。

Bonnet 和 Wirtz（2011）指出天使投资和风险资本基金已被证明是日益增长的创业企业资本增加的重要来源。他们在许多方面是不同的，商业天使通常是经验丰富的企业家，投资自己的钱，偏向于他们已经知道的行业，不仅只受财务目标驱动（Morrissette，2007）。风险资本家通常是专业人士，管理基金的目标是为基金提供者实现财务收益的最大化。尽管他们中的一些人可能是以前的企业家，相对于商业天使，他们有多元化背景，通常投资于一个更大的行业。从监控和认知角度看，这些差异可能会影响投资者的行为和他们与创业家建立的相互作用关系。

综上所述，从股权投资者的特质和差异（异质性）切入，研究初创企业股权投资者组合对其绩效的影响，尚属相对新的领域。以上股权投资者异质性、风险投资联合组织和创业生态系统分析，构成了本研究所依托的理论背景。

1.2 研究问题与研究意义

1.2.1 研究问题

本研究的主要问题是：股权投资者异质性与初创企业绩效之间的关系。根据上一节所阐述的，创业生态系统还是一个崭新的研究领域，特别是应用于初创企业（Startup）及其股权投资者的研究，已出现了一些具有挑战性的、兼具理论意义和现实意义的深层次研究问题。在研究实践层面，学者们将主流理论应用于创业企业背景下，以区别于成熟企业背景。这些理论包括代理理论、制度理论、资源理论、认知理论、社会资本和信号理论等，它们分别从不同角度剖析创业融资现象。

（1）在创业融资背景下，新兴的“多重代理”框架显示了创始人和早期投资者治理角色的复杂情况，风险投资者的双重角色可能导致传统的委托 - 代理问题被委托 - 委托目标不一致所引起的多重代理问题所取代。

（2）如何与其制度环境同构化。在评估企业时，投资者往往侧重于制度化规则（也称为制度逻辑），这些规则由构成投资者对企业评估过程的宏观制度组成。

（3）对于渴望获得资源以促进其成长的初创公司来说，一方面，由投资者提供的独特资源，可以使初创企业在至关重要的发展阶段就获得巨大的收益；另一方面，投资者对这些关键资源的控制可以使其事后提取大量租金。企业如何利用知识资本最大限度地减少对外部资本提供者的依赖是很重要的。

（4）认知问题包括企业家意图的形成，模式和启发式在决策中的使用，投资者直觉，创业治理的认知价值等。

（5）社会资本在促进创业融资活动中的作用，阐述其作用机制。

（6）不同类型的信号对初创企业融资的影响。

本研究选择多理论维度视角（代理理论、制度理论、资源理论、认知理论、社会资本和信号理论）分析初创企业的融资和治理问题，理由有以下3点。

（1）在初创企业融资过程中，外部投资者除了提供资金以外，还给企业提供其他关键资源和社会资本，同时也向其他潜在投资者发出价值信号。初创企业融资过程，实质上是企业家通过让渡一部分权利，换取价值创造的战略资源，这是一个动态博弈过程，从多学科剖析有助于揭示创业融资的复杂过程。

（2）在初创企业价值创造过程中，其治理关系不仅从代理逻辑角度研究，还可以扩展到认知逻辑角度。企业投资的各种参与者依靠他们特有的认知背景和相互作用参与公司治理，影响战略产出和绩效。认知背景包括经验、教育、心智模式、决策启发等；相互作用指学习和认知过程等。将代理理论和认知理论融合分析初创企业治理，研究成果亟待进一步深化。

（3）我国北京和上海已步入全球创业生态系统前10大城市，成为孕育初创企业的热土。创业生态系统本身的属性决定了需要多理论、跨学科研究初创企业。

对于初创企业多样化的股权投资者，本研究引入“投资者异质性”这一概念来界定。由于不同来源的股权所有者属性的丰富性，投资者异质性是一个多维度概念，不仅有投资者类型，还包括投资者认知差异、地位差异、女性偏见差异等。投资者异质性反映了不同行为主体或机制相互作用的结果。目前，创业金融中对于投资者异质性的研究[1]，主要是比较不同的风险投资机构投资者的差异，商业天使和商业天使团体的差异，以及风险投资和商业天使的差异，本研究将这一范围进一步扩大。基于初创企业股权投资者的类别的增加，目前还需要更加重视。

对于多样化的股权投资者介入初创企业价值创造，其是否给企业带来增值，投资者介入企业的方式差异导致了研究结论的矛盾性。有些研究认为投资者强介入会带来增值；有些则认为弱介入会带来增值。其实介入不是目的，是投资者和企业家在治理关系中形成的互动手段。关于这一关系链条可以采取直接构建模型的方法，验证比较“投资者异质性→公司治理→初创企业绩效”的影响路径。

对于投资者异质性与初创企业绩效的关系，尽管多样化的股权投资者总体上会增加资源和认知的多样化，但由于投资者异质性是多维衡量，不同维度结果可能会有差别，这些多样化利益能否发挥作用，还要看其是否处在创业生态系统环境中，环境能否调节其负面效应。多样化可能会带来分歧，但是适度的分歧会提高我们对事物的认知水平。因此，初创企业融资的多渠道，会增加投资者的异质性，但其是否能提高初创企业绩效，学者们还没有提供足够多的证据。

基于以上分析，本研究以初创企业为研究对象，在联合投资和创业生态系统背景下，探索不同类型的股权投资者对公司治理和绩效的影响。重点研究以下三个问题：

（1）股权投资者异质性如何影响初创企业绩效？

（2）公司治理在主效应模型中，如何发挥中介效应？

（3）创业生态系统在主效应模型中，如何发挥调节作用？

1.2.2　研究意义

本研究选择初创企业为研究对象，对多样化的股权投资者如何影响企

[1] 创业金融文献已经形成了丰富的风险投资和天使金融研究传统。

业的绩效这一核心命题进行了较为深入的研究，探析了不同类型投资者给初创企业带来增值的内外部机制，用“投资者异质性”这一概念测量机制作用的结果，建立投资者异质性对初创企业绩效的主效应模型，以及从创业生态系统背景下，考察外部环境因素对上述主效应的调节作用，并运用中国初创企业的样本进行实证研究。

本研究对于推动初创企业的股权投资者异质性的实证研究，对于提升初创企业的早期存活率及整体绩效水平，对于国内初创企业应对全球竞争和技术变革带来的机遇和挑战，借助城市（创业生态系统）和资本的力量，迅速增长、培育可持续发展能力，都显得至关重要。本研究具有重要的理论和现实意义。

本研究的理论意义如以下几点。

（1）基于认知理论、社会网络理论和产业集中度赫芬达尔指数，定量衡量了投资者认知异质性、投资者地位异质性和投资者类型异质性，投资者女性偏见异质性和投资者国别异质性，从创业生态系统背景下构建了这五个指标。比较全面地测算初创企业股权投资者异质性，有助于初创企业股权投资者的研究，从而为创业金融理论体系贡献微观知识基础。

（2）本研究有助于深化初创企业股权投资者如何参与其公司治理的研究成果。在创业生态系统背景下，股权投资者介入初创企业公司治理的方式有别于其他企业，取决于生态系统的治理水平以及股权投资者和企业家的互动。

（3）本研究为初创企业的培育和构建核心优势拓宽了思路。技术变革时代，初创企业的培育和核心优势的构建必须依托其所处的城市（创业生态系统）。每个创业生态系统都具有异质性，初创企业可以从中获得更多的异构资源，快速成长。

本研究的现实意义如以下几点。

（1）创业生态系统观点的三个创始人物都是企业家、投资者和初创企业的导师（Babson College, 2013; Feld, 2012），通过他们的应用工作，在学术界和实业界之间培养了紧密的互动。本研究吸收该方法的前沿知识，能给国内的创业者和初创企业带来相关启示。

（2）对于国家层面，创业生态系统是制度和政策的契合。欧洲各国和印度都在从国家战略层面打造数字时代的创业生态系统，以提升区位优势和培育初创企业的能力，参与分享数字时代的红利。

1.3 研究内容与研究方法

1.3.1 研究内容

本研究选择初创企业为研究对象，对多样化的股权投资者如何影响企业的绩效这一核心命题进行了较为深入的研究，探析了不同类型股权投资者给初创企业带来增值的内外部机制，用股权投资者异质性这一概念来测量机制作用的结果，建立股权投资者异质性对初创企业绩效的主效应模型，构建“投资者异质性→公司治理→初创企业绩效”这一中介模型以及在创业生态系统背景下，考察外部环境因素的综合作用，将其作为调节变量进行实证研究。本研究的基本理论模型如图 1.2 所示。

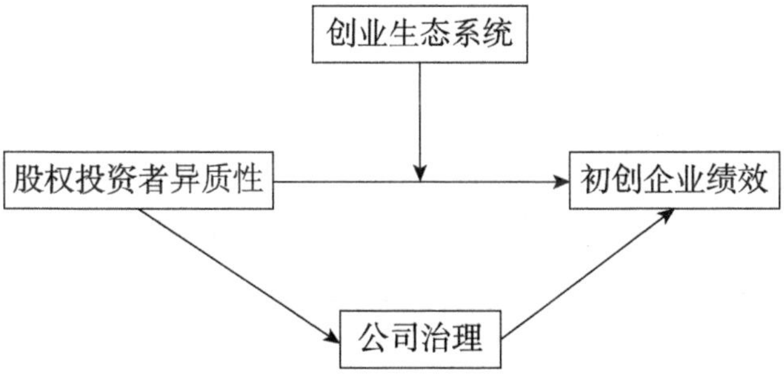

图 1.2　本研究的基本理论模型

本研究认为多样化的股权投资者可能通过两个途径作用于初创企业绩效。第一条是投资者介入初创企业治理，影响初创企业绩效的中介作用关系；第二条是利用创业生态系统的调节作用从而影响初创企业绩效的调节作用关系。基于此，本研究主要内容包括以下四个方面。

（1）对股权投资者异质性多维度测量。将股权投资者分为六类，个人天使、天使基金、天使集团、VC、CVC（战略投资者）、GVC（海外）；从股权投资者五个维度考察异质性：类型异质性、地位异质性、外国投资者异质性、认知异质性和女性偏见异质性。

（2）探讨股权投资者异质性对初创企业绩效的影响。初创企业绩效从退出绩效（IPO 和并购）和是否生存（停业）两个方面进行实证。

（3）考察初创企业公司治理的中介效应。主要从两职合一、创业机构在初创企业董事会所占席位、董事会规模和创业团队规模四个公司治理变量研究中介作用。由于本研究的因变量—初创企业绩效是一个二分变量，而目前创业金融领域对于因变量是二分变量的中介效应的实证研究并不多，这部分内容是本研究的难点。

（4）研究创业生态系统的调节效应。本研究主要从城市创业生态系统角度进行。根据 Startup Genome 全球创业生态系统报告（2020）和 Startup Blink 全球生态系统报告（2020）中关于中国城市创业生态系统的总体介绍和排名，北京、上海、杭州、深圳、南京、广州、成都和厦门这 8 个城市被作为强创业生态系统组，其余城市为弱创业生态系统组，考察强创业生态系统对股权投资者异质性和初创企业治理和绩效之间关系的影响机制。

1.3.2 研究方法

根据上述研究内容，基于初创企业早期数据不公开、比较零散的特点，本研究采用了文献研究法与定量实证研究相结合的方法来探索所提出的研究问题。

（1）文献研究法。本研究针对现有关于创业融资的研究，系统性地搜集和识别了与当前研究问题相关的国内外文献，并对文献的主要观点进行归纳总结，形成了对研究问题的整体框架，构建了基本理论模型。本书一方面按照理论模型将现有研究进行分类，并对每个类别的理论观点进行归纳。另一方面，在理论分类的基础上，重点比较了现有实证研究的区别和联系。在文献回顾的基础上，充分考虑了先前研究的贡献和进展，以及存在的一些研究空白，进一步提出了理论假设。

（2）实证研究法。本研究通过定量研究方法从实证角度验证了理论假设。在考察股权投资者异质性对初创企业绩效的影响时，以 CNRDS、CV Source 和清科私募通收集的二手数据为基础，补充手工收集的机构女性高管数据和公司治理数据建立初创企业数据库，构建多元逻辑回归模型进行估计。在考察公司治理对股权投资者异质性和初创企业绩效之间关系的中介效应时，利用初创企业数据库，构建结构方程模型进行估计（也可以采取中介模型的三步法估计）。在考察创业生态系统对股权投资者异质性和初创企业绩效之间关系的调节效应时，对构建包含交互项的多元逻辑回归模型进行估计。为保证结果的稳健性，研究中还做了一些稳健性检验。以上数据处理使用 Stata15 软件。

1.4 技术路线与论文结构

1.4.1 技术路线

本研究的技术路线如图 1.3 所示。

（1）相关文献梳理：主要对创业金融研究的发展进程、创业生态系统概念及框架、初创企业、创业者与投资者关系研究进行了大量的文献梳理与阅读总结，建立了此研究方向的数据库，包括顶刊文献 154 篇、创业金融前五专业期刊文献 184 篇以及此领域前沿研究学者撰写的工作论文 66 篇。

（2）概念模型和假设：在对文献进行总结的基础上，基于创业生态系统背景，构建“股权投资者异质性→初创企业治理→初创企业绩效”这一基本分析框架，并提出各种合理假设。

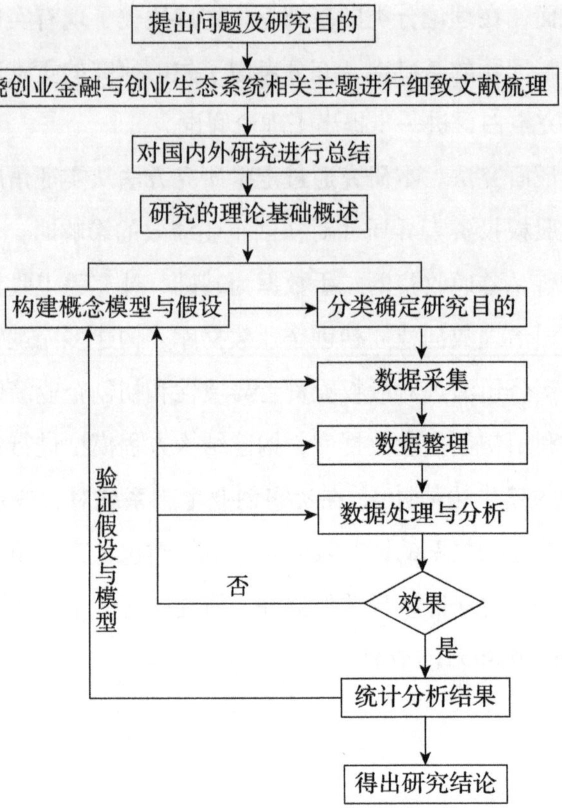

图 1.3　本研究的技术路线图

资料来源：经作者整理。

（3）数据收集：利用网络收集到第一批数据，来自 CVSource 投中数据和清科私募通，由于国内很少高校购买这两个数据库，获得的数据不全，初期数据收集进展不甚顺利；后期通过学校图书馆和商学院购买的中国研究数据服务平台 CNRDS 和国泰安 CSMAR 两个数据库完成初始数据收集。数据清洗和整理花费时间较长，由于初始数据文件之间同一初创企业和创业机构的名字不同，电脑无法自动完成匹配，需要人工进行逐一核查配对。另外，融资企业和创投机构的很多信息缺失，需要登录专业创投数据网站和天眼查网站，逐一查阅并且进行信息补登。

（4）统计与计量分析：参加国内机构组织的多场 STATA 培训和研讨课程，不断完善模型和假设，利用 Stata15 软件完成投资者异质性和初创企业绩效直接效应模型，公司治理变量的中介效应模型和强创业生态系统变量的调节效应模型。

（5）系统分析：对数据结果进行整理，完成投资者异质性对初创企业治理和绩效的效应分析，创业生态系统的调节效应分析，提出相应的对策建议和未来研究展望。

1.4.2　本书结构

本书共六章，具体内容如下：

第 1 章：绪论。本章首先介绍了初创企业在创业经济时代的地位和作用，分析其所处环境背景对初创企业融资的影响，并从股权投资者异质性、创业生态系统的概念出发，介绍了创业生态系统的理论背景，为整个研究奠定研究对象和研究背景；接着提出三个研究问题，并分析了现实意义和理论意义；随后，详细阐述了论文的研究主题和研究方法；再接着介绍研究过程（技术路线）和论文结构，并详细说明；最后，介绍论文可能的创新之处。

第 2 章：相关文献回顾与评述。本章对于本研究的主要理论基础——创业股权融资和创业生态系统进行回顾。首先概括了创业融资研究的发展历程和最新进展，揭示创业融资的理论基础；接着综述了初创企业的股权投资者研究，分析股权投资者多样性对初创企业的影响；最后回顾了创业生态系统理论，识别已有研究的不足与存在的研究机会，从而推导出本研究的视角与切入点，阐明本研究所依托的知识基础。

第 3 章：理论分析与研究假设。本章从剖析初创企业融资的本质出发，结合已有研究成果勾勒了初创企业融资活动的概念模型；系统阐述了概念模型中初创企业融资阶段、初创企业、股权投资者异质性等关键概念的理论内涵，为后续理论模型构建提供基本的逻辑框架；采用创业生态系统的观点来阐述关键概念之间的内在联系，进而构建出本研究所依托的理论模型；针对不同研究视角的初创企业股权投资者的实证研究进行进一步梳理，结合初创企业股权投资投资者的基本理论、创业生态系统理论的基本观点和创业团队异质性实证研究的思路，依据前述的研究框架，提出本文的理论假设。

第 4 章：研究设计。本章首先阐述研究设计的基本依据；然后通过文献回顾研究进行变量定义；接着详细介绍本研究实证数据收集与样本检验；最后介绍数据分析方法。

第 5 章：实证分析。本章在上文归纳的股权投资者异质性与初创企业绩效之间关系的相关理论假设的基础上，利用收集整理数据的统计分析来检验所提出的理论假设，并对实证研究的结果进行讨论，即立足于解释股权投资者异质性与初创企业绩效之间的内在关系，旨在系统阐述本文的基本研究问题：股权投资者异质性如何影响初创企业的绩效。

第 6 章：研究结论、启示及未来研究展望。本章阐述本书的研究结论、研究贡献，并得出相应的政策启示。此外，本章还将指出本书研究的局限性和未来研究方向。

1.5 研究的可能创新点

1.5.1 多维度揭示了股权投资者异质性对于初创企业绩效的重要性

尽管存在着风险投资异质性有助于初创企业创新和绩效的经验判断，但国内外的实证研究并没有取得一致性的结论，未能有效揭示风险投资组合与初创企业绩效的实质关系。因此，识别并归纳股权投资者异质性对初创企业绩效的影响机制是学者们长期应关注的主题。

与先前研究注重检验上市公司风险投资异质性与初创企业创新及绩效之间的定量关系不同的是，本研究将天使投资和加速器也纳入股权投资者异质性考量范围，并从股权投资者类型、认知、网络地位、女性歧视和国际投资五个维度考察股权投资者异质性对初创企业绩效的影响，揭示了股权投资者异质性对于初创企业绩效的重要性。

1.5.2 将创业生态系统作为重要背景验证了股权投资者异质性对初创企业影响的差异性

初创企业和股权投资者都属于创业生态系统重要的组成要素，现有创业生态系统的实证研究主要基于地区层面，还未从微观层面考察参与方之间的互动关系。本研究将北京、上海、杭州、深圳、南京、广州、成都和厦门这 8 个城市作为强创业生态系统组，其余城市为弱创业生态系统组，探索创业生态系统在股权投资者异质性与初创企业绩效之间关系中的作用机制。

与先前研究不同的是，本研究是首次利用实证数据验证创业生态系统对股权投资者和初创企业的作用关系，突出了创业生态系统对于初创企业的重要性。这样，一方面有助于弥补已有实证研究忽视创业生态系统微观层面的缺陷，另一方面也丰富了初创企业研究成果。

1.5.3 将新的测量方法和新的中介效应模型运用到实证研究

本实证研究运用了网络地位新的测量方法和验证中介效应的结构方程模型。网络地位的测量是实证研究中的难题。具体而言，广泛使用的网络中心性不太可能用于测量地位，因为在许多行业中构建可比的网络矩阵是不切实际的。因此，学者们经常使用外部报道作为企业地位或知名度的指标。本研究借鉴 Wang（2018）的测量方法，将知名度作为网络地位的代理变量，收集了清科集团 19 年的“中国创业投资机构 50 强”排名，测算其知名度指数，这一新的测量方法能比较准确地测算出股权投资者地位异质性。在验证公司治理的中介效应时，我们使用了结构方程模型，其输出的结果显示中介效应程度。

第2章

相关文献回顾与评述

本章首先概括了创业融资研究的发展历程和最新进展，揭示创业融资的理论基础；接着综述了初创企业的股权投资者研究，分析股权投资者多样性对初创企业的影响，识别已有研究的不足与存在的研究机会，从而推导出本研究的视角与切入点，阐明本研究所依托的知识基础。

2.1 创业融资研究

我们搜索了关于创业融资、风险投资、CVC、天使投资、众筹和加速器等的文章，主要关注国际上领先的管理、创业、金融和社会学期刊，以及国内领先的经管类期刊的相关文章。这些期刊包括20个国际领先期刊和10个国内领先期刊[1,2]。因此，我们对创业股权融资研究的分析包括

[1] 国际领先期刊名单拟定是综合Drover等（2017）和Cumming & Johan（2017）的综述文章上列出的期刊，作者根据搜索实践最终确定。

[2] 20个国际领先期刊包括：Academy of Management Journal（AMJ），Administrative Science Quarterly（ASQ），Entrepreneurship Theory and Practice（ETP），Journal of Banking & Finance，Journal of Business Venturing（JBV），Journal of Corporate Finance（JCF），The Journal of Finance（JOF），Journal of Financial and Quantitative Analysis（JFQA），Journal of Financial EConomics（JFE），Journal of International Business Studies（JIBS），Journal of Management（JOM），Journal of Management Studies（JMS），Management Science（MS），Organization Science（OS），Research Policy（RP），The Review of Financial Studies（RFS），Small Business EConomics(SBE)，Strategic Entrepreneurship Journal（SEJ），Strategic Management Journal（SMJ），Venture Capital（VC）。10个国内领先期刊包括：《经济研究》《管理世界》《中国工业经济》《南开管理评论》《中国软科学》《科研管理》《金融研究》《投资研究》《系统工程理论与实践》《管理科学学报》。

国内外30个领先期刊的跨学科集。为了回顾创业金融研究，我们查阅了2004年以来的16篇关于创业融资的综述文章，系统了解该领域研究的发展脉络和研究格局。创业融资涵盖了许多资金来源，而且这个领域的大多数学术文献都被资金的来源完全分割（Cosh et al., 2009）。与此相对应的是，创业融资包含许多分主题。本节我们首先勾勒创业金融的发展脉络，然后再单独介绍两个重要的主题：融资约束和融资合同。

2.1.1 创业融资研究的发展脉络

1. 2004年前的研究

创业融资的现代格局在20世纪50年代和60年代开始出现。由于新技术已经可用于商业化，于是创业者开始追求高增长潜力的企业。Berger和Udell（1998）认为，大多数成功的创业企业都遵循以下融资周期：首先是代表朋友、家庭和“傻瓜”的三个“F”；其次是商业天使、风险投资公司和资本市场（例如IPO），这个周期被认为是直线型的。寻求种子融资的企业家通常转向他们的亲密联系，通过开发一个原型，接近第一批客户以期产生收入。一旦实现了初步里程碑，企业家就开始寻求商业天使来扩大金融圈，通过这些富裕且关系良好的个人提供资金来拓展业务。这个阶段的初创企业希望获得大幅度增长，以吸引诸如风险投资等机构投资者。风险投资者除了提供资金外，还是企业重要的咨询和关系来源。一旦初创企业获得风险投资基金的资助，未来更有希望实现IPO或被大公司收购的目标。

依照Denis（2004）的观点，从历史上看，金融学者认为创业金融是公司金融的独立领域。其背后隐含的观点是：创业融资中的问题与上市公司所面临的问题有很大不同，因此限制了传统金融理论的适用性。然而，最近金融经济学家已经认识到，创业环境的特点与金融理论是根源相同的两个基本问题：代理问题和信息不对称。创业融资与传统公司融资的区别仅在于这些问题的重要性更突出，因此需要寻求与大型成熟公司不同的合同解决方案。最近的文献分析了公司金融理论背景下的创业融资问题。Denis（2004）进一步总结了创业融资的四个研究领域：可选择的资本来源；融资合同问题；公共政策问题；私募股权投资的风险和收益。

私募股权融资在 20 世纪 80 年代初开始奠定基础，因此学者们开始探讨股权融资的性质，以及它与其他传统资本来源的区别。值得注意的是，除了少数 CVC 和天使投资文章外，对风险投资的研究构成了这一早期研究的绝大多数原因在于风险投资对现代创业格局产生的变革性影响，以及风险投资数据的可得性。Hsu（2004）认为，企业家愿意付出代价，与更有信誉的风险投资家以贴现的估值方式合作。这一时期研究的很大一部分集中在美国公司和美国风险投资家。Denis（2004）认为，这一时期学术界缺乏对商业天使的研究，学者们对此深表遗憾。

2. 2004—2009 年的研究

在这一阶段，创业融资研究的领域已经扩大。学者们开始对初创企业、联合组织、投资者与企业家的关系、TMT 和投资者的异质性等主题产生兴趣。

创业企业缺乏历史和声誉，面临高失败风险，拥有高度集中的所有权。由此产生的信息和激励问题，加上控制权的企业私人利益，影响了初始融资决策。具有高逆向选择和风险转移问题的初创企业减少了银行债务，但补偿了其他债务来源；成长型行业的初创企业杠杆率较低，但银行债务增加。拥有大量私人控制权的企业家可以在融资合同中损失部分权利，但可以通过减少长期银行贷款以降低违约概率（Huyghebaert 和 Van de Gucht，2007）。寻求资本的初创企业通常能够从至少两个不同的可用来源获得必要的融资（Cosh 等，2009）。初创企业的投资者应该更加重视业务，而不是管理团队（Kaplan 等，2009）。

风险投资者通过建立联合组织分散更高风险。行业投资经验使领先的风险投资者具有合法性，使他们在社会网络中有更大的影响力，并进一步增强其网络地位和声誉，这为他们将来赢得更多的合作提供了条件（Hopp，2010）。联合会有明显的业绩影响，特别是关于网络的位置（Hochberg 等，2007；Sφrenson & Stuart, 2008）。

融资代理人和企业家的人力资本之间的相似之处是融资的重要指标（Bruns 等，2008）。风险资本家倾向于对具有类似于自己的培训和专业经验的团队更有利（Franke 等，2006）。企业家与 VC 合作伙伴之间的同族性增加了风险投资的可能性，但是共同的种族结果可能导致不太理想的财务结果（Bengtsson 和 Hsu，2015）。

TMT 异质性为潜在投资者提供了有关 IPO 质量的信号，因此其与更大的资本积累有关。研究结果表明，TMT 的功能背景和教育背景的异质性与通过 IPO 筹集的更多资本相关（Zimmerman，2008）。VC 企业间的异质性（Dimov & Shepherd, 2005; Kaplan &Schoar, 2005; Sφrensen, 2007）是绩效变化考虑的因素。风险投资家评估潜在投资目标和增加价值的能力并不总相同，Sφrensen（2007）揭示具有较高经验的风险投资公司比较少经验的对手更有可能实现 IPO 退出 - 通过选择和影响（虽然程度不同）。采用人力资本法，Dimov and Shepherd（2005）发现由较高层次的一般人力资本组成的风险投资公司对投资组合公司上市具有积极的影响。令人惊讶的是，风险投资家的具体人力资本并不影响风险投资成果。较高声誉的风险投资家的支持与更有利的退出有关，这些公司的股价通常高于非 VC 支持公司（Nahata, 2008）。Harrison 和 Mason（2007）研究调查天使资本供给中的性别差异，注意到男性和女性天使在市场中与其他分配资金和网络的系统差异的存在。

Park 等（2019）根据 Brophy 和 Shulman（1992）、Saint Pierre 和 Mathieu（2003）、Denis（2004）三位作者对创业融资研究主题进行了划分，在此研究基础上，总结了创业融资领域所包含的不同主题。

综上，本书将此阶段创业融资领域的研究主题进行归纳，具体如表 2.1 所示。

表 2.1　创业融资领域研究的主题

	Brophy 和 Shulman（1992）	Saint Pierre 和 Mathieu（2003）	Denis（2004）	作者的定义
一般主题				
行为金融和中小企业				X
中小企业融资问题				X
资本的其他来源	X		X	X
投资者特征				
商业天使	X	X	X	X
风险资本	X	X	X	X
其他投资者（杠杆收购基金，公共基金……）		X	X	X
投资				
投资标准	X	X	X	X
投资决策过程	X	X	X	X
商业模式和企业评估	X	X	X	X
财务契约问题	X	X	X	X
关系风险资本 / 公司				
治理和控制	X	X	X	X
风险投资活动的决定因素	X	X	X	X
风险投资活动的影响	X	X	X	X
退出策略				
IPO，MBO，LBO……	X	X	X	X
风险和回报				
私募股权融资公司的绩效	X	X	X	X
私募股权的绩效	X	X	X	X
成功 / 失败标准	X	X		X
其他主题				
技术的影响		X		X
公共政策激励和问题	X	X	X	X
股市规则		X	X	X
初创企业发展				X

资料来源：作者进行的总结。

3. 2010—2014 年的研究

2008—2009 年的金融风暴，以及其对传统银行融资可用性的影响，推动了创业企业新形式债务的发展。这些发展包括通过众筹平台进行的点对点贷款以及风险债务。此外，与初创企业活动的常见情况相反，研究进一步表明，新兴创业公司严重依赖"传统"外债来源，包括银行融资（Robb 和 Robinson，2014）。

与此同时，全球化和技术创新这两个重要趋势普遍影响了风险投资行业和创业融资。全球化使得企业能够从不同国家的投资者获得资金（Devigne 等，2013）。不仅在美国，而且在国际范围内（发达和新兴经济体），风险投资家和天使等金融中介机构在培育创业型企业和促进产品市场创新方面发挥越来越大的作用（Chemmanur 和 Fulghieri，2014）。

传统风险投资的其他形式（如公司风险资本）在培育创业企业方面越来越重要。Lerner（2012）指出，虽然企业研究实验室的研究人员占美国所有研究的三分之二，但是目前的公司背景是否是培育创新的最佳组织形式（可能是因为大型公司为研究人员提供得太少或然补偿）并不明确。另一方面，Lerner（2012）建议，虽然独立风险资本（IVC）企业已经为创新做了很多贡献，但他们仅定位在少数目标行业中，易受繁荣和萧条（来自有限合伙人的资金供应过剩或非常稀缺）的影响，并且易受多变的公共市场的影响。因此，他认为，激励创新的最佳方式可能是"混合"模式。例如，公司风险投资（CVC）计划，结合了企业研究实验室和风险投资支持初创企业的特点。

传统风险投资公司投资的另一种替代方式是天使投资和天使投资网络。Kerr 等（2014）认为，天使投资者比风险投资家更少受到关注，尽管有些估计表明这些投资者与风险投资公司对高潜力创业投资同样重要。Hellmann 和 Thiele（2015）认为，天使和 VC 市场是"朋友"，天使为风险投资家提供交易来源，而风险资本家提供必要的后续资金。然而，这些市场同时又是"敌人"，天使和 VC 合作经常与估值、增值等相冲突。

新兴市场需要制定支持创业生态系统的制度框架（Cumming 等，2010）。尽管每个国家在多大程度上投资于发展支持性的创业生态系统，存在跨市场差异，但资助创新（如加速器和孵化器）正在逐渐进入大多数新兴市场。这种新兴市场有些是政府支持的，但大多数是私人的。私人加速器包括国际支持的以及当地企业家支持的。这种融资创新在大多数新兴市场处于起步阶段，有很大的研究空间。

4. 2015—至今的研究

考虑到投资初创企业决策固有的不确定性，之前的研究发现，有经验的投资者严重依赖投资者的直觉——特定于创业环境的动态专业知识的情感认知。Huang 和 Pearce（2015）在直觉和创业融资理论的基础上，测试天使投资者做出投资决策的标准的有效性。Huang（2018）发现，投资者称之为直觉的不是基于快速的、无意识的冲动，而是一个精心设计的本能过程，是投资者在认知和情感基础上，应对创业融资风险和不确定性的方式。

在这一阶段，创业金融格局正在经历深刻变化，不再仅以传统的商业天使（BA）和风险投资（VC）为重点。天使市场正向结构化和组织化方向发展，天使集团和天使网络越来越重要。美国风险投资市场在价值方面也越来越受到大型交易的支配。其中，很多投资于独角兽（KPMG 2018），对业务发展和经济增长具有重大影响。传统的封闭式风险投资基金无疑正面临挑战，但由于其独特的投资流程和独特的能力，它们尚未被淘汰。投资者选择成功的投资仍然很大程度上依赖于技能和能力，例如筛选、谈判和监控。这些技能和能力会随着时间的积累而逐渐增加，这确保了风险投资者在当今更广泛、更复杂的融资生态系统中继续发挥重要作用。

创业融资市场最终转变是风险投资的全球和区域地理格局的变化。机构风险资本在全球和国家内部高度集中。虽然美国继续主导全球风险投资（KPMG, 2018），但它的份额已显著下降。风险资本高度集中在相对少数的城市中。25 个城市占全球风险资本活动的 75% 以上（排名前六的旧金山、北京、纽约、何塞、波士顿和上海占 50% 以上）（Florida 和 Hathaway，2018）。少数美国城市主导着全球风险投资活动，但美国以外（尤其是亚洲国家）的风险投资显著增长，这反映了许多国家的创业生态系统的出现（如表 2.2 所示）。

表 2.2 全球 10 大风险投资城市

城市	人口（百万）	风险资本投资（十亿美元）	全球份额（%）
旧金山	4.7	27.3	16.0%
北京	21.8	24.3	14.2%
纽约	20.2	11.3	6.6%
圣何塞	2	8.3	4.9%
波士顿	4.8	8.2	4.8%
上海	24.3	7.9	4.7%
洛杉矶	13.3	5.8	3.4%
伦敦	14	5.2	3.1%
杭州	9.1	3.8	2.2%
班加罗尔	10.3	3.5	2.1%

注：VC 投资是按 2015—2017 年均值计算。
资料来源：由 Florida 和 Hathaway 提供的 Pitch Book 数据分析。

非金融公司提供的公司 VC（硅谷早期风险资本市场现在由 Google、Intel、Microsoft 等公司的 CVC 部门主导）、共同基金、主权财富基金和家族理财（Kenney 和 Zysman，2019），以及政府提供或支持的融资，在某些地区起着越来越重要的作用（Mason 和 Pierrakis，2013; Cumming 和 Johan，2019）。市场上的三个新参与者，即公共投资者（包括 GVC 和加速器）、众筹和基于区块链的初始代币发行（ICO）受到关注。

从以上创业金融研究发展脉络我们可以清楚地看到，风险投资、公司风险投资和天使投资，以及最近的众筹和加速器的创业股权投资，代表了促进创新与发展的重要资本来源，已形成股权融资新格局。

2.1.2 融资约束

大量文献讨论了创业企业的融资约束这一主题。内部现金流和抵押品的缺乏，以及信息不对称和代理问题，是筹集外部资金困难的主要原因，参见 Hall 和 Lerner（2010）的文献综述。

社会关系是融资的决定因素，关联企业家更有可能从风险投资公司获得资金。鉴于风险投资者可以采用其他机制来收集信息和监控启动行为，Wang（2010）认为，社会关系的作用应该是有限的。他提出了一个两阶段的风险投资决策模型，发现更好的网络化企业家在获得投资者的初始关注方面具有优势，但这种优势并没有延续到下一阶段的评估。因此，将这两个阶段折叠在一起会导致对社交网络角色的误导性结论。

Kanze 等（2017）研究发现，男性企业家筹集资金水平高于女性企业家，但这种融资差距的潜在机制仍然存在争议，差距源于投资者对企业家提出问题中的性别偏见。2010 年至 2016 年期间，在 TechCrunch Disrupt New York City 对问答互动进行的实地调查显示：投资者倾向于向男性企业家提出以推广为中心的问题和向女性企业家提出以预防为中心的问题，并且企业家倾向于以匹配的监管重点做出回应。在投资者问题和企业家回应的监管重点中的这种区别导致企业家的融资结果不同，以推广为中心的问题所筹集的资金数额远远高于以预防为重点的问题所筹集的筹资额。Kwapisz 和 Hechavarría（2018）进一步研究了性别是否是影响新生企业家寻求融资倾向的因素，还调查了没有所有权份额的初创企业助手是否会对申请融资的可能性产生影响。特别是男女之间，女性的存在大大降低了申请融资的可能性，而初创企业助手的存在显著增加了在初期阶段要求融资的发生率。此外，在创建新公司或仍处于初创阶段的人群中，初创企业助手的数量成倍增加了女性创始人的融资需求。

信号也是融资的决定因素。如果内部投资者选择不跟随后续投资，市场会推断出负面信号。当企业信息事先完全相同时，企业家通过与承诺不参与未来回合的天使投资者融资来保留更高的所有权份额；当企业家事先存在异质性时，存在一个分离均衡，那些成功可能性较高（较低）的企业家在第一轮选择 VC 融资（天使融资）（Kim 和 Wagman，2016）。初创企业融资中的信息问题很大，竞争可以通过认证帮助解决（Howell，2020）。

2.1.3 融资合同

在过去的四十年中，融资合同的最优性在公司融资理论中发挥了重要作用。自从 Jensen Meckling（1976）的开创性工作以来，理论研究已经认识到合同对于解决经理与外部金融家之间激励冲突的重要性。

投资者用来解决代理问题的重要机制是谈判高能合同和积极参与其投资组合公司（Cumming 和 Johan, 2008）。与上市公司的投资者相比，投资者与企业家之间的合同规定了更详细的信息披露要求。对创业企业的投资也可能要经过几轮，前提是要达到预先设定的进度目标，从而进一步减少潜在的代理问题（Yung, 2019）。

陈逢文等（2013）认为，创业企业的参与双方（创业者和投资者）基于资源互补开展合作，由于创业企业的不确定性和信息不对称性而引发双边道德风险。双方通过建立基于互补效应的单阶段和两阶段收益分配模型，说明了无资本约束条件下，基于创业者创业能力的信号来进行阶段投资决策的激励模式，不能直接促进次优水平的提升，互补效应不能掩盖道德风险问题,以此对创业者和投资者有所警示。Admati 和 Pfleiderer（1994）指出，通过适当的融资合同，风险投资者等内部投资者可以解决投资决策以及外部投资者与企业家之间的信息不对称有关的代理问题，合同消除了风险资本家对后期融资中发行的证券进行错误定价的所有动机。Schertler（2000）对风险投资合同中嵌入的各种控制机制进行了实证和理论研究。他认为这些机制减轻了年轻高科技企业在不确定环境中融资产生的激励问题和机会主义行为，并还进一步讨论了企业家的薪酬、融资类型、资本注入的分期以及明确赋予风险资本家的各种控制权。

Kaplan 和 Strömberg（2001，2003）基于 14 家风险投资公司对 119 家投资组合公司的 213 次风险投资，对风险资本和企业家之间的实际合同进行了详细研究。他们发现风险投资融资的一个关键特征是：它们使风险投资能够分别分配现金流权、投票权、董事会权、清算权和其他控制权。尽管风险投资公司最频繁使用可转换证券，但风险投资公司也使用多种普通股和直接优先股的组合来实施同一套权利。合同中实施的现金流量激励，控制权和或有事项更多地被用作补充而非替代。风投拥有投票权并拥有董事会多数席位的风险投资企业也更有可能拥有企业家的股权要求，以及根据业绩里程碑而释放承诺资金的可能性。以上的结果表明，实际合同比现有理论所预测的更为复杂。

Kaplan 和 Strömberg（2004）通过风险投资公司描述其投资的优势和风险以及预期的投资后，研究了 11 家风险资本公司对 67 个投资组合的投资分析。该文将风险分为内部风险、外部风险和执行风险三类，并将其与风险投资家与企业家之间的现金流权、意外事件、控制权和清算权的分配联系起来。结果表明，代理和敲竹杠问题对于合同设计和监控非常重要，更好的 VC 控制与增加的管理干预相关，而更大的风险投资股权激励与增加增值支持相关联。Kaplan 等（2007）分析了 23 个非美国国家 / 地区的风险投资（VC），并将其与美国 VC 进行了比较，描述了合同如何分配现金流量、董事会、清算和其他控制权。在单变量分析中，合同在不同法律制度下是不同的。但是，无论法律制度如何，经验丰富的 VC 都会执行美式合同。在大多数规范中，法律制度对于风险投资经验的控制微不足道。不使用美式合同的风险投资公司失败的可能性更大，甚至无法控制风险投资经验，结果与在各种法律制度中有效的美式合同一致。

Tykvová（2007）研究了经济学家对风险投资合同的看法，指出在不确定的环境中，风险投资市场的特征是多重激励问题和信息不对称。目前存在各种各样的代理问题，如道德风险、逆向选择、滞留问题和业绩粉饰等。企业家和风险资本家签订了影响其行为并减轻代理成本的合同。他们特别选择合适的融资类型和结构，并明确双方的权利和义务。风险投资的典型行为特征是：密集的筛选和评估过程；积极参与其投资组合公司；分期注资；使用特殊的金融工具，例如可转换债务或可转换优先股；风险资本家之间的联合或投资期限缩短等。

Masulis 和 Nahata（2007；2009）分析了由公司风险资本家支持的初创

企业的金融合约。首先，根据初创企业与 CVC 母公司之间的产品市场关系，CVC 的战略目标可以在经济上损害或有利于初创企业。根据经验，初创企业可以从互补和有竞争力的 CVC 母公司那里获得资金。然而，初创企业内部人通常会限制竞争性 CVC 的影响，授予他们较低的董事会权力，同时保留更高的董事会代表性。其次，领先的 CVC 获得较低的董事会代表性，表明他们对初创企业早期阶段影响的更大担忧。最后，初创企业从竞争激烈的 CVC 中获取更高的估值，反映出更大的道德风险问题。总体而言，CVC 的战略目标会影响他们早期加入 VC 集团，掌握控制权和股票定价。

Cumming（2008）使用欧洲风险资本投资样本，研究了风险投资合约与退出之间的关系。数据表明，事前更强的 VC 控制权增加了创业公司通过收购而不是通过注销或首次公开募股而退出的可能性。控制各种因素，包括内生性和在合约选择时 VC 预先计划退出的情况，研究结果是稳健的。研究结果与基于控制的金融合同理论是一致的（Aghion 和 Bolton，1992）。

Bienz 和 Hirsch（2012）使用详细的德国风险投资合同数据证明，风险资本家（VC）与其投资组合公司之间的合同为没有合适的外部融资选择并因此降低事后讨价还价能力的公司规定了更完整的未来融资条件。作者的结果与持股理论是一致的，即完全契约保护企业家免受金融家的侵占。

Ewens 等（2019）使用初创公司第一轮融资时，采用新的大型数据集估计风险投资合同条款对创业成果的影响，以及企业家和投资者之间的价值分配，并通过新颖的动态搜索和匹配模型来考虑内生选择问题。该估计与有效的契约理论相一致，代理人之间存在最佳的权益分配，从而拥有最大化成功的可能性。然而，与最大化启动价值的合同相比，风险投资者利用其讨价还价能力获得更多投资者友好的条款，由于积极的价值创造，更好的风险投资仍然有利于创业公司和企业家。研究表明，取消某些合同条款有利于企业家，并使低质量的企业家能够更快地为其创业公司提供资金，从而增加了市场上的交易数量。降低搜索摩擦会将讨价还价能力转移到风险投资公司，并以牺牲企业家利益为代价。结果表明，在合同研究中，对于交易的代理选择是需要考虑的一个首要因素。

2.2 股权投资者研究

现代风险投资融资始于 1946 年，当时第一家名为美国研究与开发（ARD）的风险投资公司成立。由于机构投资者不愿投资，早期风险投资公司是封闭式基金，但后来风投采取的结构是有限合伙制。风险投资在 20 世纪 70 年代后期扩展到英国，紧接着 20 世纪 80 年代初扩展到欧洲大陆。风投向亚洲的转型在 20 世纪 80 年代末开始，风险投资自那时起大幅增长（Bruton 等，2005）。直到 20 世纪 70 年代后期基金被组织成有限的和普通的伙伴关系，这种增长才变得明显，风险投资在 20 世纪 90 年代呈指数级增长。

风险投资目前已发展成最具广泛认可的股权融资形式，尽管资金只是初创企业的小部分。风险资本家从一组有限合伙人募集资金（大学捐赠，养老基金等）并寻求通过对年轻创新公司的投资组合进行有选择的投资来为这些投资者提供回报（Gompers 和 Lerner, 2000）。风险投资公司通常是小型的、地理上集中的实体，通常与他们投资的企业密切合作，提供超出资本的指导和价值（Sapienza, 1992；Sørensen，2007）。风险资本家主要在中期至晚期阶段参与交易，因为风险资本家在 10 年左右的时间里向有限合伙人提供回报，通常关注通过收购或首次公开发行（IPO）来实现及时退出。

在风险投资研究方面，监督和利益一致已经得到了更彻底的研究，或至少在相当长的时间内得到了研究，但认知和知识的影响在迄今为止的文献中不太普遍。

2.2.1 政府风险投资

世界各国政府已经建立了政府风险投资（GVC）基金，并且越来越多地这样做，其目的是促进私营风险投资行业的发展，并减轻年轻创新企业的股权资本缺口。这些计划的基本原理和适当性是有争议的，针对这种争议，Colombo 等（2016）借鉴最新关于创业金融的文献，来记录演变并比较不同类型的政府支持的影响。与一些国家缺乏成功案例相比，已有成功的 GVC 举措，如澳大利亚创新投资基金。因此，正确设计 GVC 基金的投资流程是学者和政策制定者的一个紧迫课题。

Bertoni 等（2015）基于 846 个投资者通过对欧洲七个国家和地区的 737 家年轻高科技创业企业的 1663 个风险投资的数据集，研究了欧洲不同类型的风险投资（VC）投资者的投资模式：独立风险投资、公司风险投资、银行附属风险投资和政府风险投资。根据被投资公司特征的行业、年龄、规模、发展阶段与投资者和国家的距离五个维度，比较了不同风险投资者类型的相对专业化指数。结果表明，欧洲的风险投资者类型在投资模式上有很大的不同。就投资模式而言，政府风险投资者似乎是最独特的风险投资者类型。不同风险投资者的投资模式会随着时间的推移而保持稳定，并且在不同的欧洲国家（地区）存在类似模式。欧洲不同风险投资者类型的投资模式与美国观察到的显著不同。

Grilli 和 Murtinu（2014）使用新的欧盟赞助的公司级纵向数据集，评估政府管理（GVC）和独立风险投资（IVC）基金对欧洲高科技创业公司的销售和员工增长的影响。结果显示，IVC 投资者对公司销售增长有积极影响，相反，仅 GVC 的影响可以忽略不计。研究还发现，两类投资者的银团投资对公司销售增长产生积极且具有统计意义的影响，但仅限于由 IVC 投资者领导。在控制了内生性、生存偏差、反向因果关系、预期效应、跨国家和不同时期的法律和制度差异，并且在创业公司的增长动态中潜在的非线性模式方面，结果保持稳健。文章对政府通过直接和积极参与风险投资市场来支持高科技创业公司的能力表示怀疑。

Munari 和 Toschi（2015）分析了公共支持风险投资（VC）基金的影响以及是否在不同地区之间变化，取决于它们的创新强度水平以及与私人风险投资基金的比较。他们以代理和人力资本理论为基础，将公共风险投资基金区分为区域和政府类型，来评估其投资组合公司业绩的潜在差异。该分析依赖于 1998 年至 2007 年，英国 628 家风险投资支持公司的样本，区域特征对公共风险投资项目的有效性进行严格评估有至关重要的作用被证实。

Brander 等（2015）研究了接受政府资助的风险投资家（GVCs）融资的企业，发现由 GVC 和私人风险资本家（PVC）资助的企业获得的投资比纯粹由 PVC 资助的企业获得的投资更多，而且远远超过那些纯粹由 GVC 资助的企业。此外，拥有更多 GVC 资金的市场，每个企业拥有更多的风险投资资金，以及更多风险投资融资的企业，表明 GVC 融资在很大程度上增强而非取代 PVC 融资。混合 GVC / PVC 资金与成功退出之间也存在正相关关系，通过首次公开募股和收购指标衡量，主要归因于额外投资。

Bertoni 和 Tykvová（2015）探讨了政府风险投资者（GVCs）如何促进欧洲年轻生物技术公司的发明和创新。其中包括，发明使用公司层面的简单专利库存指标，创新使用引文加权专利库存指标。研究结果表明，GVCs 作为独立投资者，对发明和创新没有影响，然而，GVCs 增强了独立风险投资者（IVCs）对发明和创新的影响。作者认为，GVCs 是一种无效的替代品，但却是 IVCs 的有效补充，作者还进一步区分了面向技术的 GVCs（TVCs）和面向发展的 GVCs（DVCs），发现 DVC 在增加企业发明方面更好，TVC 与 IVC 结合支持创新。

Malmström 等（2017）通过对一组与政府风险投资家进行的决策会议的纵向观察进行话语分析，调查了男性和女性企业家在融资分配上的差异，特别着重于政府风险资本家在评估女性和男性企业家申请风险投资的潜力时，如何在社会上建构性别定型观念。研究发现，女企业家获得的风险资金显著减少，这是由制定融资决策时使用的与性别差异有关的语言和修辞引起的。

Cumming 等（2017）考察了政府与私人独立风险投资（VC）支持对

创业企业退出绩效的影响。基于 VICO 数据集，使用从 1991 年至 2010 年观察到的由欧洲风险投资支持和非风险投资支持公司组成的大型代表性样本，将 GVC 投资者的退出绩效与 IVC 基金之一和 IVC-GVC 联合组织进行了比较，并控制联合组织的年度规模和机构异质性。结果显示，私人独立的风险投资支持公司的退出绩效优于 GVC 支持的公司。私人独立和政府风险投资者的混合辛迪加导致积极退出的可能性高于（而不是统计上不同）IVC 支持的可能性。实证结果不受联合组织在规模和制度异质性方面构成的影响，通过几种计量经济学技术，控制了内生性问题、选择偏差、遗漏变量偏差、各国的法律和制度差异和随时间变化之后，结果保持稳健。

Zhang（2018）研究了在中国背景下涉及政府和私人风险投资公司（GVC 和 PVC）的混合银团的绩效。其使用 1995 年到 2011 年之间的创业投资数据，结果发现与仅由 PVC 联合支持的初创企业相比，在最初的一轮融资中得到了混合辛迪加支持的初创企业不太可能幸存下来，并进行下一轮融资。这一证据与两种可能的解释一致，这些解释说明了混合辛迪加支持的公司业绩不佳：PVC 领导的联合选择投资组合公司的标准可能较低；补充资源较少，但混合联合组织中的协调成本较高。当使用工具变量、倾向得分匹配分析和拟最大似然估计方法来缓解潜在的选择偏差和内生性问题时，经验结果继续保持稳健。

Engberg 等（2019）研究了不同类型的风险资本对公司销售、就业和投资的影响。结果表明，私人和政府指导的风险资本投资均会延迟 2～3 年，从而促进公司销售。风险投资主要通过提高效率来影响销售，并在一定程度上影响对有形资本投资的投资，而无法追踪就业影响。与私人投资者相比，政府风险投资人更倾向于对停滞不增长的公司进行后续投资。

Bertoni 等（2019）使用组织生态学理论来研究政府风险资本（GVC）如何影响私人风险资本（PVC）的投资行为。由于其目标和主导能力，GVC 是一个独特的组织物种，与 PVC 相比具有不同的利基市场。GVC 旨在与 PVC 建立互惠关系，因此，在风险投资（VC）生态系统中 GVC 的存在越多，应将更多的 PVC 投资者吸引到 GVC 的利基市场。在公司（年龄和规模）、行业（生物技术）和区域（竞争力）级别考虑几个相关的利基维度，对欧洲 1239 个 PVC 投资的分析证实了大多数预测。

2.2.2　国际风险投资者（跨境风险投资）

Pruthi 等（2003）通过监控比较国内外风险投资公司（VC）的行为，解决了风险投资文献中的一个重要遗漏。来自印度 31 家风险投资公司的证据（84%的回应）显示，外国风险投资公司比国内风险投资公司更有可能参与战略层面决策，而国内风险投资公司在运营层面的活跃程度要高得多；外国风险投资公司更加重视对额外借款的限制，外国风险投资公司更加重视月度管理账户，国内风险投资公司更加强调指定某些会计政策，国内风险投资公司更加重视行业专家董事会成员。

Wright（2007）考察国际化和外国风险投资公司有关的问题，并将中国的风险投资环境与西欧和中欧及东欧的背景进行了比较。

Tykvová 和 Schertler（2011）使用来自发达国家的独特的全球数据集，证明不仅国际资本流动的传统决定因素会影响跨境风险资本流动，而且本地风险资本投资者之间的联系也与这些流动的规模和方式有关。规模结果表明，两国之间跨境流动的数量和价值都随着两国当地风险投资行业内的联系强度而增加，方式结果表明建立牢固的本地关系，并与外国投资者建立更紧密的关系。因此，当地的紧密联系似乎并没有保护本地市场并抵御外国投资者的竞争，反而刺激了国际联合组织和跨境风险资本融资的扩展，这使风险资本投资者可以建立地域多元化的投资组合，并通过建立跨境集团来增加价值。对于已经在特定目标国家（地区）拥有经验的外国投资者来说，这些影响似乎更强。

Meuleman 等（2011）根据在 1997 年至 2008 年期间的 1021 个风险投资样本，其中 391 个不同的本地风险投资者邀请了 302 个不同的外国投资者，研究基于经验的信任对 VC 集团中跨境合作伙伴选择决策的影响。此外，还研究了这种关系如何通过制度环境的不同方面来调节。研究结果表明，基于经验的信任对伙伴选择的影响受到普遍信任程度和东道国提供的法律保护程度的负面影响；基于经验的信任对伙伴选择决策的影响由东道国与外国伙伴国家之间的文化距离水平积极调节。此外，研究还提出了对理论和实践的启示。

Dai 等（2012）调查在境外寻求扩张特别是在亚洲的风险投资的投资行为和退出绩效。研究结果表明，在亚洲风险投资市场中，外国风险投资者在规模和经验方面与地方风险投资者相比具有相对优势，但由于地理和文化差异，他们在信息收集和监控方面处于劣势。当单独投资时，外国风险投资公司更可能投资于更多透明信息的企业；与当地风险投资公司的合作有助于缓解信息不对称和监控问题，并对本地创业公司的退出绩效具有积极影响。具体而言，发现在控制了选择的内生性之后，拥有国外和当地风险投资合作伙伴的公司更可能成功退出（大约 5%）。

Guo 和 Jiang（2013）根据中国制造企业的面板数据集，调查了 1998 年至 2007 年期间风险资本支持（风险投资支持）和非风险投资支持企业的绩效和 R&D 活动。通过研究风险投资对中国创业企业的贡献，发现不同类型的风险投资和投资方法会影响投资后的公司业绩，与国内风险投资相比，外国风险投资公司为其投资的公司增加了更多价值。

Humphery-Jenner 和 Suchard（2013）使用来自中国的 4753 家 VC 支持公司的综合数据库来检验外国风险投资可以促进创业公司国际上市的假设。结果发现外国风险投资的存在增加了投资组合公司在国外交易上市并使用顶级律师、投资银行或会计师的可能性。上市模式随着时间的推移而变化，反映了中国监管环境和市场质量的变化。建议国际化是风险投资可以为投资组合公司增加价值的一种方式，并采取措施解决样本选择和内生性问题。

Li 等（2014）探讨了跨境风险投资的绩效如何受到风险资本家和被投资企业环境之间的国家制度和文化距离的影响。其指出制度和文化距离会降低风险投资公司进行风险投资活动的效率，并对退出成功的投资绩效产生负面影响，而且在控制地理距离的同时获得支持性证据，进一步分析风险投资如何利用其国际经验来减轻国家距离的负面影响。结果发现，虽然不同国家的广泛国际经验在很大程度上减弱了制度距离的有害影响，但在文化距离的负面影响方面并没有减弱。

Khavul 和 Deeds（2016）在代理理论的基础上，假设并检验经济和社会信号，对新兴市场中国内外风险投资者之间初始共同投资关系选择的风险减轻影响。该研究对国际管理研究，国际风险投资的实践以及试图刺激风险驱动的生态系统的公共政策都有影响。

Meuleman 等（2017）开发并测试了关系嵌入性如何与结构嵌入性以及法律和规范制度相互作用的模型，关系嵌入性和这三种替代方式如何共同影响风险投资集团中的跨境合作伙伴选择。在 12 个欧洲国家的跨境风险投资企业联合的背景下测试假设，研究结果表明，虽然关系嵌入性是未来合作的关键驱动因素，结构嵌入和信任产生制度，如高质量的法律框架和行业协会促进跨境合作，减少在跨境合作伙伴选择中依赖关系嵌入性的关系需要。

风险投资国际化的研究在过去十年中迅速扩大。Devigne 等（2018）回顾了有关风险投资国际化的现有文献，概述了三个主要研究流程的贡献，三个主要研究流程:（1）跨境投资的风险投资公司属性以及它们所针对的国家 / 地区;（2）风险投资公司解决外国投资的责任问题的方法;（3）国际风险投资的实际影响。他们讨论了公共政策的作用，提出未来研究的四条建议:（1）风险投资公司国际化模式的运作和影响;（2）微观层面的过程，如国际投资委员会的运作和决策或国际人力和社会资本的发展;（3）国家制度在风险投资国际化中的作用及其实际效果;（4）国际风险投资与其他融资来源的相互作用。

Alvarez-Garrido 和 Guler（2018）研究了在国际市场上地位优势可发挥重要作用的条件。结果表明，跨国风险投资公司的母国地位并不能统一提高风险绩效，仅发生在特定的情境条件下。大多数将跨境风险投资公司视为同质的集团的行为，有可能混淆公司和国家之间的差异。该研究考虑了跨境风险投资公司之间的地位异质性的影响，并认为高地位的跨境风险投资公司可能由于优越的采购、管理和风险投资的支持而具有更多优势。在获得高水平的跨境 VC 之后，中间结果（例如专利申请和本地 VC 状态）显示了显著差异，这与卓越的管理和认可利益相一致。发现互联互通可以在本地市场上获得地位优势，这仅表明具有高地位的风险投资公司在组织退出事件中发挥着重要作用。

Buchner 等（2018）研究了 1971—2009 年期间全球的投资，发现与同等国内投资相比，跨境投资的表现明显不佳。地理距离、文化差异以及本国和东道国之间的制度差异对回报产生了负面影响。20 世纪 90 年代后期，跨境和国内交易的回报也有所下降。国际投资组合多元化和国内市场饱和可以解释为什么风险投资者尽管预期收益不佳，仍会进行跨境投资。

Park 等（2019）调查了公司风险投资（CVC）与外国风险投资（FVC）之间的关系，以及参与融资轮的投资者集中度。作为不同于独立风险投资的风险投资形式，CVC 和 FVC 可以为初创企业提供不同的价值。但是，在该集团中拥有 FVC 或 CVC 投资者也会给其他投资者带来额外风险。结果表明，企业风险投资或外国风险投资附属关系与投资者集中度较低有关，所以投资者不仅要评估初创企业，还要评估他们的联营合作伙伴，以确定他们在本轮投资中的相对份额。

2.2.3 公司风险投资（CVC）

1. CVC 决策

Benson 和 Ziedonis（2009）根据对收购 242 家技术创业公司的 34 家企业投资者的回报进行事件调查，研究 CVC 获得的信息是否可以提高公司业绩（在收购初创公司时增加企业投资者的回报）。结果发现 CVC 对收购绩效的影响关键取决于收购方内部知识库的优势，随着 CVC 投资相对于收购方的总 R&D 经费支出增加，收购业绩以递减的速度改善。控制公司的盈利能力、规模和收购经验后，一直从事风险融资的公司在收购创业公司时的收益要高于那些零星投资模式的公司。研究结果表明，作为创业公司的收购者，企业投资者在从外部风险投资中获得额外收益的能力方面存在系统性差异。

Park 和 Steensma（2012）指出在考虑公司风险投资（CVC）融资时，初创企业面临着权衡。公司投资者可以提供互补资产，以加强初创企业技术的商业化，然而，与特定企业投资者的紧密联系存在缺点并可能限制初创企业在公开市场中获取来自不同来源的补充资产。通过使用计算机、半导体和无线电行业初创企业的样本，发现 CVC 资金在初创企业需要专门的补充资产或在不确定的环境中运营时特别有利。

Mohammadi 和 Khashabi（2017a）认为初创公司对 CVC 侵占其技术的担忧可能影响了 CVC 初创企业匹配过程，可以通过建立信息隐藏作为反侵占的重要策略。该文研究了信息隐藏对CVC初创企业匹配形成的可能性，规模和时机的因果影响。由于严重的内生性问题和解决反事实的困难，调查和衡量这种影响是一种实证挑战，利用美国发明人保护法（AIPA）作为对技术信息公开的外部冲击，能够衡量信息隐藏的无偏见影响。结果证实，初创公司隐藏的战略信息降低了 CVC 事件，而信息曝光增加了 CVC 初创企业匹配的可能性、规模和危险率。

Mohammadi 和 Khashabi（2017b）研究技术披露如何推动初创企业与 CVC 之间投资关系的形成。利用美国发明家保护法作为外生变化，通过他们的专利文件向高科技创业公司披露技术。结果表明，技术披露增加了初创企业和 CVC 之间投资关系的可能性，在初创企业和 CVC 之间具有更多信息约束的环境中、效果更强。

Ceccagnoli 等（2018）使用全球制药公司及其生物技术合作伙伴的二元数据集，应用实物期权（RO）理论来理解在支持外部技术的获取中 CVC 的作用及其与内部 R&D 能力的关系，制定关于 CVC 期权价值的关键驱动因素和行使 RO 决策的假设。研究结果表明，对于科学能力较弱的投资者，在遥远的技术领域开拓技术市场和当他们的创新渠道倾向于后期开发过程时，CVC 的期权价值更高。最后，当 CVC 后技术不确定性降低时，高价值技术的许可是最有可能的选择形式。

Maxin（2020）研究了一个模型，两家 CVC 企业决定是否独立或共同（称为联合）为初创企业融资。如果初创企业成功，CVC 获得现金流。此外，该初创企业对 CVC 母公司的资产（例如产品或流程）具有正面或负面影响。结果表明，只有现金流量较低时，面临较弱的正面影响的 CVC 才会成为独立投资者；否则，在均衡状态下，具有更强的积极作用的 CVC 只有辛迪加或独立投资。但是，如果一个 CVC 对其母公司的资产面临正面影响，而对手面临负面影响，那么辛迪加仍然是可能的。该模型为由几个 CVC 组成的辛迪加生成实证预测。

2. CVC 的异质性

Harrison 和 Fitza（2014）利用社会资本理论来建立一个公司母公司特征模型，代表创业公司的潜在利益（即社会资本）或风险（即社会责任），研究母公司异质性对 CVC 活动的影响，特别是 CVC 悖论的影响。认为初创公司在寻求合作伙伴时可以平衡这些风险和收益，表明社会资本和社会责任之间的交互是 CVC 悖论强度的基本决定因素。

Chemmanur 等（2014）分析了企业风险投资（CVC）与独立风险投资（IVC）在培育创业企业创新方面的差异。发现尽管 CVC 支持的公司比 IVC 支持的公司更年轻，风险更高、利润更低。但以专利结果来衡量，CVC 支持的公司比 IVC 支持的公司更具创新性。在 IPO 公司的倾向评分匹配分析和 VC 支持的创业公司的双重差分分析中，实证结果稳健。证据与两种可能的潜在机制一致：由于其母公司和创业公司之间的技术契合，CVC 更广泛的行业知识和 CVC 对失败的更大容忍度。

Colombo 和 Murtinu（2017）根据新的欧盟委员会赞助的纵向数据集—

VICO 数据集（1992—2010），评估了独立风险投资（IVC）和企业风险投资（CVC）对欧洲高科技创业公司经济绩效的影响，确定的样本包括 215 家由 IVC 支持的公司和 44 家由 CVC 支持的公司，其中 18 家公司由 IVC 和 CVC 联合支持。在控制了内生性和选择偏差的潜在来源之后，结果表明，IVC 和 CVC 都会提升投资组合公司的经济绩效。这些影响主要是由于实际销售额的增加，此外，风险投资对企业整体经营绩效及其组成部分影响的动态——实际销售价值，实际固定资产和实际劳动力成本——根据投资者的类型而不同，没有发现任何与 IVC 和 CVC 投资者的联合投资有关的影响。

Belderbos 等（2018）根据多个行业的 55 个拥有 CVC 活跃公司的专利，CVC 和技术联盟的面板数据集（1998—2007），研究为什么和何时（在什么情况下）CVC 的地域多样性影响投资公司的技术绩效。CVC 投资组合中的地域多样性可以通过允许访问嵌入本地创新系统中的各式各样的公司及其网络来提高技术绩效，每个公司都有其独特之处。通过在多个地方探索新的知识来源，企业可以增加可用于重组和交叉吸收的知识要素的广度，从而提高其知识采购组合的有效性。随着企业的 CVC 投资组合变得越来越多样化，与各国中更多不同的合作伙伴进行互动可能会增加吸收和重组各种知识要素的难度和成本，从而使 CVC 投资地理多样性和技术绩效的预期之间呈倒 U 型关系。地理多样性的积极影响受制于重要的边界条件，特别是在同时参与技术联盟的情况下。

Kang（2019）根据 2001 年和 2013 年 CVC 和 IVC 投资者共同投资的 1121 家美国初创企业的样本，研究不同类型的 VC 投资者在一个联合组织中的相对影响力如何影响初创企业成功退出的可能性，应用 Cox 比例风险模型来分析成功退出的可能性（即首次公开发行或收购）。结果显示，仅联合组织并不一定会增加企业成功退出的可能性，除非关键联合组织成员对退出事件具有激励和偏好。只要有信誉的 IVC 投资者存在于集团中，并且 IVC 投资者先前已与 CVC 投资者合作，CVC 的参与就可以帮助企业成功退出。研究证明，正规治理机制不仅会影响企业的行为和绩效，而且还包括非正式的权力来源，丰富了多重代理的观点。

2.2.4 天使投资者

由于难以获得数据，目前学者们通常很少进行商业天使融资的定量研究。商业天使是私人投资，因此他们没有义务公开宣布其投资。因而，迄今为止，大多数商业天使研究通常将天使投资与非天使投资进行比较。但是，最近的研究表明了商业天使人群中的异质性对其行为和结果的重要性（Bammens 和 Collewaert，2014；Collewaert 和 Manigart，2016）。最近的两篇论文均使用创新的方法来获得数据，从而可以解决与天使投资者个性、行为和投资结果的异质性有关的新研究问题。Bonini 等（2019）将多波商业天使调查与投资组合公司的纵向会计数据结合起来，他们展示了天使行为的差异如何影响其投资组合公司的经营业绩。由天使投资公司在天使投资于集团（而非独立）时表现更好，并且具有更高的生存可能性，但对它们在公司中的存在程度以及分期提供股权产生负面影响（不是一次性投资或一次付清）。

Block 等（2019）根据 Crunchbase 和 Twitter 的综合数据，分析天使的人格特质如何影响他们的联合行为。天使的性格特征通过其 Twitter 账户的计算机语言测评进行评估。它们表明，外向性使联合的可能性更大，而尽职尽责的程度降低了联合的可能性，而不管联合是否发生在其他天使投资者或其他类型的投资者（如风险资本投资者）上。然而，尽管企业联合会再次与生存成正相关，但商业天使的个性对其投资组合公司的业绩和生存能力没有直接影响。与 Bonini（2019）一致，这两篇论文都通过强调个人的心理特征如何影响他们的投资行为而增加了天使文献，这反过来又影响了他们所投资公司的业绩和生存。关于该主题的进一步同期研究表明，投资者和企业家的其他特征，例如他们的宗教信仰，可以类似地影响投资决策和结果（Chircop 等，2019），相对于风险资本家，天使投资者对国家级文化和法律条件更为敏感（Cumming 和 Zhang，2018）。

2.2.5 众筹和加速器

1. 众筹

众筹源于众包和小额信贷，自成立以来已经多样化。随着互联网融资的发展，2006 年创造的“众筹”一词出现了。

BradFord（2012）根据为资本提供者提供的回报，确定众筹模型的五个子类别：（1）基于捐赠；（2）基于奖励；（3）预购；（4）基于贷款；（5）基于股权的众筹（也参考 Griffin,2013）。子类别（2）和（3）密切相关，预购模型通常由基于奖励的模型替换为术语。在其以债务为基础的形式中，它有时被称为点对点贷款。在以股权为基础的众筹方面，出现了多个补充名称：基于投资或基于证券的众筹或人群投资。

根据以上分类，本书侧重基于股权的众筹，股权众筹涉及证券销售，因此由于监管差异而在不同国家具有高度异质性（Fraser 等，2015）。

该领域的两个重要方面是各国之间的监管差异以及平台的整体异质性（Belleflamme 等，2015）。

Vulkan 等（2016）从一个主要的欧洲股权众筹平台分析了 636 个活动，包括 17188 个投资者和 2012 年至 2015 年间的 64831 个投资，描述了这一融资新现象，涉及股权众筹在英国的规模、增长和地理分布。数据显示，股权众筹可能会给风险投资和商业天使金融家带来巨大挑战。Estrin 等（2018）研究表明，股权众筹平台提供给投资者交流学习工具，允许企业家测试产品，发展品牌，建立忠诚的客户群，并将客户转变为投资者。结论：在当地适当的监管框架的支持下，政策制定者可以支持股权众筹。

Ahlers 等（2015）首次实证研究了企业家使用信号的有效性，即诱导（小）投资者在股权众筹背景下投入财务资源。研究了初创企业质量（人力资本、社会联盟资本和知识资本）以及不确定性对筹资成功的影响。结果显示保留股权和提供有关风险的更详细信息可以被解释为有效信号，因此可以强烈影响筹资成功的可能性。相比之下，社会资本和智力资本对筹资成功几乎没有影响。

Brown 等（2017）借鉴了一项针对英国 42 家股权众筹企业的企业家的访谈研究发现，在以消费者为中心的早期创新型公司中，这些实验性和即兴创业者对这种融资的需求强劲。在影响方面，股权众筹似乎为被投资公司带来了重要的无形利益，这些利益不仅仅是金钱。Esmaeilpourmotlagh（2018）实证结果表明，除了提供新的创业学习、知名度、客户忠诚度，以及战略或业务模型以及产品 / 服务优化成功的股权，众筹活动还有助于创业公司通过更好地获得追随资金并接近新的合作伙伴和客户来扩大业务。

2. 加速器

加速器计划可以提供指导和财务支持，以搭建从初创到获得更多资金来源的桥梁（Hallen 等，2010）。关于加速器对宏观（区域）以及企业家 / 企业层面的影响的经验证据正在出现。证据表明，拥有加速器的地区比没有加速器的地区吸引了更多的风险投资和更多的基金提供者（Fehde 和 Hochberg, 2019）。加速器可能是补充，但它们也可能与其他资金来源竞争，一些证据表明，加速器通过收购比商业天使提供了更多成功的退出（Winston-Smith 和 Hannigan, 2014）。但是，需要进行进一步的研究，比较被选为加速器的公司与申请但未被选择的公司的绩效和生存能力。

但是，加速器在目标、提供的资金和支持方面各不相同（Cohen 和 Hochberg, 2014），不仅包括由金融公司支持的公司，还包括由公司和政府机构建立的公司。如同风险投资文献从最初比较风险投资和非风险投资支持的公司，到发展探索不同类型和经验的风险投资公司对其投资组合公司的影响（Manigart and Wright, 2013）。因此，有必要进行加速器研究，以探索加速器异质性的不同维度，还需要进一步分析不同类型的加速器之间的队列选择过程的差异，以及它们与 VC 和 BA 所采用的过程有何不同。

Cohen 等（2018）使用针对八个美国原始加速器的参与企业、董事和导师的嵌套多案例研究，探讨了加速器计划设计如何影响初创企业获得、解释和处理生存和发展所需的外部信息的能力。

Heinemann（2015）提出了全球第一个企业加速器计划综合数据库，在此资源基础上定义了企业加速器，认为企业加速器非常适合成为创业生态系统的永久元素。企业加速器不太可能为赞助公司带来直接的营业利润。但是，作者提供了重要战略探索的例子，包括选择投资组合公司以帮助他们在供应链和分销渠道中进行创新或为他们提供市场战略收益。

有证据表明，风险投资和私募股权公司的人数大量增加。但是，随着加速器的迅速普及，研究缺乏关于加速器的生存和适应性的证据。

2.3 创业生态系统研究

2.3.1　创业生态系统概念的理论渊源

1. 理论渊源

创业生态系统方法仅在最近10年内发生，尚无广泛共享的定义。一些国家的政府一直对培养企业家精神感兴趣，以促进创新、经济增长和创造就业机会（Herrmann等，2015）。由于将这种对经济的影响归因于初创企业，因此政策制定者更加集中地关注这类高增长公司（HGF）。实践中，在加强高成长企业发展的政策方面往往导致失败，结果研究人员之间达成了一个普遍共识，即在考虑政策干预时需要采取整体方法，一种考虑了初创企业蓬勃发展的独特环境类型的方法——创业生态系统（Mason和Brown, 2014）。

对于创业生态系统概念的兴起，Stam（2019）认为其背后的基本思想是在1980年代和1990年代出现的，这是创业研究从个人主义，基于个性的研究转向更广泛的社区观点的一部分，该观点将社会、文化和经济力量在创业过程中的作用纳入其中。例如，Van de Ven（1993）认为个体企业家无法指挥开发和商业化创业企业所需的所有资源、机构、市场和业务职能。

创业是一项集体成就，不仅取决于个体企业家的行为，而且还要求公共和私营部门众多企业家发挥关键作用，以发展促进和限制创新的工业基础设施。

关于“创业基础设施”的研究已有很长的历史，它解释了区域经济和社会因素对创业过程的影响（Pennings，1982；Dubini，1989；Gnyawali 和 Fogel，1994；Van de Ven，1993；Bahrami 和 Evans，1995）。在将个体企业家视为价值创造的唯一场所的先前运动的基础上，新的背景转向强调了将创业现象置于更广泛的环境中的重要性，该环境结合了环境的时间、空间、社会、组织和市场维度（Zahra，2007；Zahra 等，2011；Woolley，2017）。虽然关于创业生态系统的研究仍处于起步阶段，但已经有一些实证成果。Acs 等（2014）已经采用大规模定量方法而非定性案例研究来确定国家层面的强大创业生态系统。

Cantner（2019）认为创业生态系统的概念已用作解释区域和工业部门内企业家活动的框架。尽管该方法很有用，但仍未对该概念进行理论化，特别是在创业生态系统的演变方面。通过阐述动态的创业生态系统生命周期模型来弥补这一研究空白。建议生态系统从专注于新公司创建的企业家生态系统过渡到专注于知识的内部商业化（即企业内部活动，反之亦然）的商业生态系统。提出动态生命周期模型可以作为未来针对生态系统的实证研究的起点，并为进一步理解新老公司之间的相互联系和共存提供基础。

2. 创业生态系统定义

生态系统一词的起源是生态学，它强调生物与其物理环境的相互作用（Tansley, 1935）。这种相互作用不仅通过溢出效应使生态系统成员受益，而且使整个系统受益。创业是指探索、评估和利用创造新产品与服务的机会的过程（Schumpeter，1934；Shane 和 Venkataraman，2000）。创业生态系统方法通常将这种创业指定为高成长的初创企业或者迅速扩大规模的企业，可以作为创新、生产力增长和就业的重要来源，特别强调创新和以增长为导向（Stam 等，2015）。

尽管迄今为止，尚未就该术语的共同定义达成共识（Stam，2016），但其核心思想是相同的，只是定义的视角、范围和投入因素方面有所不同。

在最近对创业生态系统研究的综述中，Tsujimoto 等（2018）识别和分类四个角度，即工业生态角度、业务生态角度、平台管理角度和多参与者网络角度。Scaringella 和 Radziwon（2018）使用业务、创新、创业和知识生态系统的分类法。Spigel（2017）将创业生态系统定义为“区域内支持创新型创业公司发展和成长的社会、政治和文化元素的结合并鼓励新生的企业家和其他行为者在启动，资助或以其他方式协助高风险企业方面承担风险。”

Audretsch 和 Belitski（2017）将有效的创业生态系统定义为“在各种社会经济、制度和信息环境下，主体之间相互作用的复杂系统，从而产生更多的新业务和增长。”

Mason and Brown（2014）的综合定义中特别强调了以当地环境为中心的参与者，机构和创业过程之间的相互作用。

综合以上分析，本书采纳 Stam 和 Spigel（2017）的定义。

Stam 和 Spigel（2017）总结了这些关键方面，并定义了一个创业生态系统：“它是一组相互依存的参与者和因素，它们相互协调，以使它们能够在特定区域内实现生产性创业”。

除了定义创业生态系统概念，关于该主题的研究有助于将创业生态系统与先行概念区分开来，例如产业集群和创新系统（Spigel 和 Harrison，2018；Stam 和 Spigel，2017），以证明在此需要一个独立的研究领域。通过将企业家置于考虑因素而非仅仅考虑公司，描述社区主导的崛起，强调没有特定的行业重点，对比集群和创新系统的核心，研究解释了创业生态系统方法的明显差异（Spigel 和 Harisson，2018；Acs 等，2017；Spigel，2016）。

2.3.2 创业生态系统的组成要素

表 2.3 对相关文献进行梳理，总结了现有研究对创业生态系统的组成要素的基本观点。这些研究基本上遵循 Cohen（2006）和 Isenberg（2011）等学者的思路，将创业生态系统作为创业企业的外部创业环境，既包含环境要素也包含相对应的环境主体。蔡莉（2016）的文献回顾指出，以 Vogel（2013）、Mason 和 Brown（2014）为代表的另一些学者则将创业企业涵盖在内，认为创业生态系统是由创业企业与其所处环境组成的整体系统。

表 2.3　创业生态系统组成表

作者（年）	类别	组成部分
Neck 等（2004）	组成部分	文化，物质基础设施，大公司，人才库，资金来源，专业 / 支持服务，政府，大学，非正式网络，正式网络，孵化器组织，衍生企业
Cohen（2006）	构成要素	政府，客户，社会网络，投资机构，教育机构，专业机构和公共机构，人力资本，文化和支持环境
OECD（2007）	决定因素	监管框架，研发与技术，创业能力，文化，融资渠道，市场条件
Isenberg（2011）	领域	政策，金融，文化，支持，人力资本，市场
Suresh 和 Ramraj（2012）	支持因素	道德，财务，网络，政府，技术，市场，社会，环境
ANDE（2013）	支柱	可进入的市场；人力资本劳动力；资金和财务；导师，顾问，支持系统；监管框架和基础设施；教育和培训；重点大学作为催化剂；文化支持
Mazzarol（2014）	组件	政府政策，监管框架和基础设施，资金和财务，文化，导师，顾问和支持系统，大学作为催化剂，教育和培训，人力资本和劳动力，本地和全球市场
Stam（2015）	元素	网络，领导力，财务，人才，知识，支持服务 / 中介，正规机构，文化，物质基础设施，需求

续表

作者（年）	类别	组成部分
Juling, Freiling& Harima（2016）	资本	人力资本，社会资本，金融资本，基础设施资本，政治资本，经济资本，文化资本，历史资本
Spigel（2017）	属性	文化，社会，物质

资料来源：作者根据 Baron 和 Freiling（2019）的文献整理。

总结以上研究，本书认为初创企业和股权投资者都是创业生态系统的参与主体，一方面他们之间的相互作用会对创业生态系统的整体产出产生影响；另一方面初创企业的融资活动以及股权投资者，对初创企业治理和绩效的作用在不同的创业生态系统会产生差异。因此，本研究在探讨股权投资者异质性对初创企业治理和绩效影响时，将创业生态系统作为初创企业的外部环境。

2.4 小结与评述

本章围绕相关研究文献进行了系统的梳理与评述，指出了本研究所依据的理论情境与知识基础。

如前文所述，创业生态系统视角下的初创企业股权投资者异质性研究，已超越了对创业股权融资过程中不同股权投资者介入影响的简单抽象与概括，正在努力借鉴已有成熟理论从更系统的角度，探寻股权融资过程中的行为规律与特征。本研究更注重融资形式的多样性，致力于探索融资不同阶段股权投资者联合投资的后续影响。更为重要的是，创业股权融资研究已经开始挖掘多个不同投资者的共同投资的规律，以及对初创企业绩效和治理的影响。从已有研究来看，创业生态系统可以被认为是塑造初创企业股权融资情境条件的关键因素，因为不同创业生态系统的初创企业融资结果并不相同，不同初创企业在相同的生态系统中也会表现出不同的行为结果。简而言之，初创企业在不同创业生态系统下的股权融资行为对初创企业绩效和治理的影响已经成为创业生态系统视角下股权投资异质性研究的方向，这构成了本研究所依托的重要理论情境。

与此同时，在创业股权融资过程中，初创企业可以借助创业生态系统，接触更多不同类型的投资者和融资支持系统，这样可以提高获得多样化股权资本的机会，顺利跨越早期的融资“死亡之谷”，这意味着多样化的股权资本构成了初创企业股权融资结果的关键要素。与此呼应，20 世纪 80 年代，创业股权融资研究基本奠定，股权融资形式也越来越多样，特别是风险投资的研究迅速兴起，逐渐成为解释复杂创新创业融资现象的重要理论视角。风险投资等创业股权资本确实是支持创新创业的重要力量，尽管研究已在股权投资者异质性、初创企业公司治理和初创企业绩效的内在联系上已取得了一些成果，但仍存在一些极富挑战性的工作。

首先，已有研究反复论证了股权投资者对初创企业治理和绩效的作用，特别是风险投资、天使对初创企业增值效应，但大多数研究往往没有对初创企业全部的股权投资者的内涵和概念进行系统考察，只对单一资本来源进行研究或者简单分类，并未从不同理论视角系统考察同一股权投资者和不同股权投资者的异质性，这一方面受制于数据的可得性，另一方面也受制于创业金融研究的分割化。现有大多数研究还停留在各自为政的状态，并没有系统整合不同数据源，已有部分学者挖掘风险投资和天使共同投资的规律。其次，创业生态系统是如何作用于股权投资者与初创企业绩效之间的关系尚不明朗。近期已开始着手收集创业生态系统实证资料，试图构建并验证股权投资者、创业生态系统网络支持与初创企业绩效之间的关系模型，但研究思路还比较零散，缺乏系统性。最后，对于股权投资者网络地位的测算还需进一步发现有效的代理变量。

基于上述事实，本书重点探索初创企业投资者异质性与初创企业绩效之间的关系。在此基础上，基于不同创业生态系统发展阶段不同，选择创业生态系统为权变模型，探索其对股权投资者异质性与初创企业绩效之间的调节作用。

这一研究不仅顺应了创业生态系统视角下创业实证研究从地区层面向微观层面的转化，进一步深化创业生态系统下的创业研究成果，也澄清学术界对股权投资者异质性的模糊认识，系统剖析股权投资者异质性、创业生态系统对初创企业融资的作用机制，深化创业生态系统视角下股权投资者与初创企业的研究成果。研究结论不仅能为初创企业合理利用股权投资者异质性的不同维度，以及创业生态系统来提高绩效提供相应的理论和实践指导，而且能够为宏观层面的创业政策制定，尤其是创业股权市场和创业生态系统的建设提供科学的思路与启示。

第3章 理论分析与研究假设

科学的研究结论有赖于严谨的理论推导和规范的研究流程。本章首先从剖析初创企业融资的定义出发，结合已有研究成果勾勒了初创企业融资活动的概念模型，系统阐述了概念模型中初创企业、股权投资者异质性等关键概念的理论内涵，为理论模型构建提供基本的逻辑框架。接着，针对不同研究视角的初创企业股权投资者的实证研究进行梳理，结合初创企业股权投资投资者的基本理论、创业生态系统理论的基本观点和初创企业治理的理论观点以及实证研究的思路，提出本研究的理论假设。

3.1 初创企业融资活动的概念模型

初创企业融资活动是非常复杂的，各种内外部因素都会作用于融资过程并影响到初创企业融资结果。概念化初创企业融资过程并形成对初创企业融资活动的基本判断是本研究重要的基础工作。本研究从剖析初创企业融资定义入手，依托前人研究成果勾勒出初创企业融资活动的概念模型，明确本研究对初创企业融资活动的基本认识，并进一步阐述模型中关键概念的理论内涵。研究一方面为后续理论模型的构建提供基本逻辑框架，另一方面有助于为后续实证分析中的控制变量选择提供重要理论依据。

3.1.1 初创企业融资活动的概念化

1. 初创企业的定义

对于初创企业的定义，像其他基于个人或集体行为的社会和经济现象一样，存在对初创企业的不同解释。

关于初创企业的最著名的定义之一：一个临时组织，它在寻找可重复且可扩展的业务模式（Blank，2014）。

初创企业是一个由人力、物力和财力，有形和无形资产组成的系统综合体，由具有统一目标的粗略商业构想的人进行协调。通常，它是一种尝试成为稳定企业中不断发展的事业的冒险。与熊彼特理论的支柱一致，初创公司的重点应放在创新上。与以前的情况相比，创新被理解为是积极的变化，因此，不仅是技术，而且是管理、组织、生产或技术方面的变革，它们都可以使公司维持生存并维持盈利的商业模式，后者必须是可重复的。这意味着公司创造、交付和获取价值的方式必须具有持续盈利能力，启动也必须是可扩展的。

初创企业中最具影响力的思想领袖之一 Steve Blank 阐明“创业公司不是大型公司的较小版本，公司也不是创业企业的较大版本”（Blank，2014）。除了扩大收入增长外，每年员工的增加也被视为初创公司的主要特征。经合组织建议员工平均增加 20%（2014）。因此，初创公司不仅是新成立的企业，而且是希望在多个层面上迅速发展壮大的组织，尽管这可能需要长达数十年的时间（Davila 等，2003）。

大多数定义都将快速增长，可扩展性和创新性作为创业公司的基本属性（Shane，2003；Bania 等，1993），尽管非常简洁，但此定义非常广泛且有效。初创企业是由企业家发起的公司或项目，旨在寻求、有效开发和验证可扩展的经营模式。创业是指所有新业务，包括自营职业和从未打算注册的企业，而创业公司是指打算在单个创始人之外发展壮大的新业务。初创企业面临很高的不确定性，失败率很高，但少数确实可以成功并具有影响力。一些创业公司成为独角兽,即市值超过 10 亿美元的私人创业公司。

ESM 根据以上概念，确定初创企业的 3 个特征。

（1）低于 10 年。

（2）具有（高度）创新技术和 / 或商业模式。

（3）具有谋求员工和 / 或销售显著增长。

当满足以上第一个特征以及其他两个特征中的一个或两个时，企业有资格作为 ESM 的初创企业。ESM 的定义将初创企业与传统企业和中小型企业区分开来。

在本书中，我们采纳 ESM 的定义，同时将使用“早期阶段”一词来描述具有种子和启动阶段企业属性的初创企业。

2. 高科技初创企业的界定

对于高科技初创企业的界定主要根据高科技创业公司的两个关键方面：一是它们的关键产品包括需要制造的物理硬件；二是它们属于 OECD 的 13 个高科技行业类别之一。经合组织使用公司的复杂性和 R&D 强度对制成品的技术强度分类（OECD 2011,2014）,并进一步区分了高科技、中高科技、中低技术和低技术。附录中附表 1 列出了属于高科技行业的行业及类别，这些行业及类别将在分析中用于对初创企业进行分类。

3. 初创企业融资活动

初创企业融资活动的定义和概念化始终是创业金融研究的焦点问题。由于研究者所依托的理论视角不同，对于初创企业融资活动的含义和本质理解也会有差异，迄今为止尚未形成统一的初创企业融资定义。这一领域的学者一般通过创业阶段或过程来定义初创企业融资活动及阶段。

创业公司经历的不同发展阶段，在有关初创阶段的学术讨论中，已经撰写了许多相关的著作（Lewis 和 Churchill，1983；Bell 和 McNamara，1991；Blank，2013）。Lewis 和 Churchill（1983）提出了与小型和成长型企业相关的模型，该模型描述了公司发展的五个阶段。这些阶段是：

（1）存在阶段，与吸引客户并交付合同规定的产品或服务有关；（2）生存阶段，公司已经证明它们是可行的商业实体，但是关键的问题是公司是否有足够的资金来维持盈亏平衡并继续经营下去；（3）成功阶段，所有者面临的决策是利用公司的成就，扩大还是保持公司的稳定和盈利，为所有者的其他活动奠定基础；（4）腾飞阶段，与如何使公司快速增长以及如何为增长提供资金有关；（5）资源成熟阶段，公司具有规模。财务资源和管理人才的优势，并且如果保持其企业家精神，将成为市场中的强大力量。每个阶段的特征都是规模多样性和复杂性的指标，并由五个管理因素来描述：管理风格、组织结构、正式系统的范围、主要战略目标以及所有者对业务的参与。作者选择了企业发展的组织视角，没有明确区分小企业和初创企业，但为大多数初创企业和初创阶段研究奠定了基础。

Leach 和 Melicher（2011）提出基于创业行动、时间和收入的五阶段模型。他们的模型包括开发。启动、生存、快速成长和早期成熟阶段，并很好地描述了创业企业如何成长变化。Aurelian（2008）提出：（1）在初创阶段筹集资金的可能主要是自筹资金，家人、朋友、同事和天使投资人。在初创阶段，创始人和关键人员是公司的主要员工，其次是少量资金需求。（2）创业阶段被认为是企业家试图将创意转化为商机的起点，无法生存和过渡到下一阶段的风险非常高。在股权方面可供他们使用的新融资来源是（风险资本）和债务方面（银行、金融公司）。（3）成长阶段的业务性质变得更加正式，收入开始增加，但仍未盈利。现阶段的主要资源是风险资本家、银行和战略投资者。（4）成熟阶段将对下一代产品和公司提供的服务进行测试。员工是高技能和专业人才，由于收入增加显示稳定增长，因此降低了风险，主要来源与先前阶段相同，因为这取决于两者同意一起工作多长时间。融资选择包括风险资本家、银行、战略投资者和商业天使。最终，当公司到期时，它有足够的能力进行首次公开募股（IPO），这取决于公司决定是否继续使用资金来源。

Tech（2018）总结了初创企业在不同创业阶段的组织、产品和市场特征，以及对应的融资活动和融资来源。

种子阶段。初创公司通过各种行动和里程碑取得进步，而寻找业务模式并不一定是第一步。现阶段的投资者主要包括天使投资人、孵化器和公共补贴计划。

启动阶段。企业家主要专注于原型制作，原型制作可以包括产品的技术核心特征、设计以及市场测试。企业家继续依靠外部资金流入创业公司，以确保其生存。在这个阶段，商业天使、早期风险投资，甚至企业风险投资公司都投资于初创企业。加速器程序通常专门解决诸如业务模型开发和原型设计之类的主题，并具有相应的意义。

成长阶段。在此阶段，用户和 / 或客户群以及收入快速增长。战略性的长期计划和已建立的过程变得必要，并且启动的一般专业化发生了，风险投资公司会尝试在此阶段之前和之中进行投资。

后期阶段。理想情况下，核心产品应产生可预测的收入，只有通过投资组合多元化或国际化才能增加收入。风险投资的价值增长没有成长阶段那么快，投资者特别是风险投资公司为实现利润而退出市场。实现退出的常见策略是首次公开募股（IPO）或通过收购（例如通过交易出售）退出，其他方案包括内部收购，例如通过管理层收购。选择留在公司的投资者将推动对企业盈利能力的更多关注，以期获得长期的投资回报。

每个阶段不同融资来源（Kuratko 等，2015）的可用性和相关性见表 3.1。

表 3.1　初创企业成长不同阶段的融资来源

	种子阶段	启动阶段	成长阶段	后阶段期
组织	生存	生存，创造成功的商业模式	战略长期计划，公司建设，流程	成熟，下一步可能是：合并，收购，IPO
产品	概念	原型设计，数据透视，测试核心功能，开发，建立生产	规模化生产，完善	多样化

续表

	种子阶段	启动阶段	成长阶段	后阶段期
市场	发现	市场校准，第一批客户，创造需求	渗透，重市场	多元化，国际化
融资	种子	启动	系列	IPO，退出，内部
投资者	自举，FFF，公共补贴，BA，众筹，专利投资基金，加速器 / 孵化器	BA，BAN，VC，CVC，GVC，银行，公共补贴，众筹，ICO，专利投资基金，专利贷款，风险债务，大学基金，加速器 / 孵化器	风险投资，CVC，GVC，BAN，专利贷款，风险债务，家族办公室，大学基金，公共补贴，银行，私募，私人配售	私募，债券，IPO，私人配售

资料来源：作者根据 Klein 等（2020），Tech（2018），Leach 和 Melicher（2011），Blank（2020）,Marmer 等（2011），Lewis 和 Churchill（1983），Davila 等（2003）以及 Jeng 和 Wells（2000）整理而成。

Salamzadeh 和 Kawamorita Kesim（2015）认为初创企业本质上是多元化的和复杂的，这些实体都有其生命周期。由于活动和阶段的顺序在不同的创业公司之间可能会有所不同，因此应采纳一个整体的观点，从三阶段分析（如图 3.1）以更好地理解创业公司的生命周期。

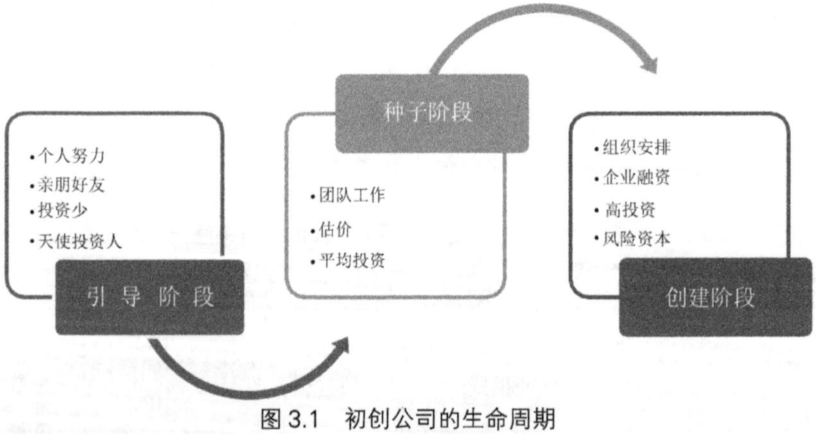

图 3.1　初创公司的生命周期

资料来源：Salamzadeh 和 Kawamorita Kesim，2015.

引导阶段：在这个非常早期的阶段，企业家本人就发起了一系列活动，已将自己的想法转变为可盈利的业务。但是，他 / 她认可较高的风险甚至不确定性水平，继续研究新的创想，组建团队，使用个人资金，并请家人和朋友对其构想进行投资。天使投资人更可能在此阶段进行投资。

种子阶段：在引导阶段之后，创始人进入一个新阶段，即种子阶段。这个阶段的特点是团队合作、原型开发、进入市场、企业估值、寻求诸如加速器和孵化器之类的支持机制以及平均投资以发展该初创公司。在这一阶段，有大量的创业公司倒闭，由于他们找不到支持机制，因此在最佳情况下，他们将求助于成功率较低的低利润公司。另一方面，那些成功获得支持的人更有可能成为获利的公司，估值通常在此阶段结束时进行。

创建阶段：当公司销售产品，进入市场并雇用第一批员工时，就会进入创建阶段（Salamzadeh，2015）。在这个阶段的最后，组织 / 公司成立，公司融资被认为是为企业融资的主要选择。风险资本可以通过为风险投资提供资金来促进创建阶段。

Tariq（2013）认为，在公司生命周期的不同阶段，初创公司可以使用不同类型的融资方案。融资类型基于创业公司从企业生命周期的第一阶段到最后阶段的成长水平，以及它们的成长和生产规模。由于融资类型在企业生命周期的不同阶段会有所不同，这些类型分类如下（Leach 和 Melicher, 2011）：种子融资、初创融资、第一轮融资、第二轮和夹层融资。

根据以上对初创企业融资活动概念化过程的理论分析，可以发现，在早期的融资活动中，随着股权投资者形式的日益丰富和多样化，股权投资者以及整个创业生态系统对初创企业的发展至关重要。为了避免初期创业的高失败风险，联合投资在实践中非常普遍。因此，股权投资者异质性的影响越来越受到关注。

3.1.2　股权投资者异质性

尽管风险投资异质性有助于初创企业创新和绩效的经验判断，但国内外的实证研究并没有取得一致性的结论，未能有效揭示风险投资异质性与初创企业绩效的实质关系。因此，识别并归纳股权投资者异质性对初创企业影响机制是学者们长期应关注的主题。

投资者异质性内涵非常丰富，研究应该从多理论维度考察股权投资者异质性。本书从股权投资者类型、网络地位、外国投资者、认知和风投行业女性歧视五个维度研究异质性。通过相关文献回顾，可以发现这五个方面是创业股权融资研究目前比较关注的主题，即：新股权融资来源、联合投资、跨境风险投资、创业认知、性别问题。因此，对这五个维度进行系统研究，可以丰富投资者异质性的内涵，也能整合新的知识。

1. 类型异质性

处于早期阶段的创业型企业无法充分提供自己的资本。因此，外部投资对他们的生存至关重要。天使、风险投资和政府支持在创业融资中发挥了关键作用（Choi 和 Kim，2018）。

创业金融文献通常将初创企业股权投资者分为天使投资、风险投资、众筹、加速器四大类分别研究。后期随着 CVC（战略投资者）在创业资本市场所占比重越来越大，有些学者将企业风险投资（CVC）从 VC 类型单列出来研究。Drover 等（2017）对风险投资（VC）、企业风险投资（CVC）、天使投资、众筹和 / 或加速器做了一个全面综述。其分类理由是：风险投资是最广泛认可的股权融资形式；CVC 表示成熟公司对创业企业进行股权投资的系统实践；天使投资者是将自己的个人资本投资于年轻企业获得认证的个体；众筹和加速器是股权融资机制的两种新兴形式。

在学术界的研究越来越集中在这五大类创业股权投资者背景下，风险投资领域政府和外国机构风险投资研究也受到极大关注。在天使投资领域中，天使基金和天使集团研究也渐成独立分支。

因此，类型异质性要根据研究者的研究问题来确定其范围，可以从五个大类别来研究类型异质性，也可以从子类别辨析。Hahn 和 Kang（2017）调查了金融和战略投资者之间的联合投资，如独立风险投资家（IVCs）和企业风险投资家（CVC），如何影响被投资公司的业绩。许昊（2016）调查了政府背景风险投资、民营和外资背景风险投资的进入和参与程度对 IPO 绩效的影响差异。

2. 网络地位异质性

股权投资者的联合投资有助于参与方分享潜在交易信息、共享资源、有效解决委托人 - 委托人问题以及通过投资来管理其财务风险的广泛网络。鉴于各参与者在网络中的地位差异，有必要了解网络地位异质性。

地位在 VC 网络中至关重要，因为 VC 服务的无形性质将状态作为质量信号极为重要（Hallen，2008；Meuleman 等，2010；Pollock 等，2015）。高地位的风险投资人通常可以获得良好的资源，并且在市场上拥有强大的讨价还价能力。当现有的 VC 处于重要地位时，初创公司不太可能寻找新的 VC。首先，地位较高的风险投资人位于风险投资网络的中心位置，可以访问更多信息（Sørensen 和 Stuart，2001），高地位的 VC 还具有协调各种资源以培育初创企业的能力和经验。这样，当初创企业已经由高水平的创投机构提供资金时，扩展其创投组合以收集更多信息或知识就变得不那么重要了。相反，在后续回合中加强他们与高知名度 VC 的关系就足够了。

因此，股权投资者网络中心位置的差异就是股权投资者地位的异质性。

3. 国别异质性

外国投资者异质性是指初创企业的投资者是外资背景。田轩（2014）指出，美国风险投资业自 1979 年美国放松监管允许养老保险基金投资风投基金以来迅猛发展，对于美国创业和创新起到了巨大的促进作用。比如美国现在市值前五位的大公司中，苹果、微软和谷歌都是当年在初创阶段得到过 VC 的投资和扶持。很多高市值的成功上市公司，比如亚马逊、雅虎和星巴克，背后都有 VC 的身影。

外资背景风投的异质性研究一直是国际风险投资研究的热点。因此，外资异质性还可以在是否有外资介入的同时，考察不同外资背景的差异。

4. 认知异质性

投资者的具体知识结构对于创造价值至关重要，投资者依靠他们特有的认知背景和相互作用参与公司治理，影响战略产出和绩效。认知背景包括经验、教育、心智模式、决策启发等，相互作用指学习和认知过程等。

由于特定的投资者有特定的认知特征，预计投资者类型将对创业企业绩效和成功产生重大影响，这可能有助于理解在企业成长的特定阶段，投资者的特定配置。天使和风险投资两大投资者类别对创业金融尤为重要，已有文献实证研究天使和风险投资共同投资中认知差异的价值和成本。

因此，有必要测试更多类型股权投资者共同投资对认知异质性的影响。

5. 女性偏见异质性

整个创新部门缺乏性别和种族多样性，特别是在风险投资行业。股权投资者性别的多样化是否提高初创企业绩效，实证结果一直很模糊。因此，这一研究方向也一直是研究者感兴趣的话题。

综合以上分析，股权投资者异质性是一个多维、动态的综合变量，需要持续跟踪新的维度。

3.2 股权投资者异质性与初创企业绩效

如前所述，并非所有股权投资者对初创企业绩效的影响都是相同的，不仅不同类型的股权投资者具有不同的属性和特征，而且同一类型内子股权投资者也可能具有不同的属性和特征。这种股权投资者不同类型的差别，以及同一类型内子群之间的差别，可以反映出初创企业股权投资者异质性的高低。更重要的是，之前的研究已经对“为什么有些创业融资的初创企业能成功而其他初创企业会失败”这一基本问题进行了较为细致的阐述，形成了有助于解释初创企业绩效高低的核心概念，但并没有合理解释初创企业不同融资结果与初创企业绩效的匹配关系。基于这个判断，本研究超越融资结果可能性的讨论，选择股权投资者理论为基础，结合国内外已有的相关研究成果，力图从理论层面阐述股权投资者异质性与初创企业绩效之间内在联系，进而构建出有待检验的基本假设，旨在挖掘初创企业不同融资结果与绩效之间的匹配关系内涵。

3.2.1　股权投资者类型异质性与初创企业绩效

Gompers（2016）调查个人特征如何影响人们合作的愿望，以及这种吸引力是增强还是降低了风险投资的绩效。结果发现具有相同种族、教育或职业背景的风险投资家更有可能彼此联合。这种同质性降低了投资成功的可能性，而且对于早期投资来说，有害影响最为突出。各种测试表明，亲和力的成本很可能是由于投资后高亲和力集团做出的糟糕决策造成的。这些结果表明，合作中的“鸟群”效应可能代价很高。

每一类型的股权投资者在资本市场上不仅给初创企业提供资本，还提供战略咨询、网络资源等价值增值活动。因此，不同类型的股权投资者共同投资，可以利益共享，并且共担早期创新活动的高失败率和风险，可以从不同价值增值渠道提高初创企业绩效。

Chemmanur（2014）认为，公司风险投资（CVC）具有更广泛的行业知识和对失败更大的容忍度。Colombo 和 Murtinu（2017）证明独立风险投资（IVC）和 CVC 都会提升投资组合公司的经济绩效。

Brander（2015）认为，混合政府风险投资和私人风险投资（GVC / PVC）与成功退出之间也存在正相关关系，通过首次公开募股（IPO）和收购指标衡量，主要归因于额外投资。Cumming 等（2017）认为，私人独立和政府风险投资者的混合辛迪加导致积极退出的可能性高于（而不是统计上不同）IVC 支持的可能性。

创业股权投资的大量文献研究了投资者参与对初创企业绩效的影响。加速器是一种新型的早期投资者，近年来发展迅速，并引起了人们的强烈关注。他们在创业公司的早期阶段提供财务支持，以及指导教育和网络服务。然而，加速器优于现有融资渠道的优势尚未得到证实。Choi 和 Kim（2018）从 CrunchBase 数据库中使用了 30523 个关于加速器、天使和风险投资的投资数据。通过进行多元回归和生存分析，发现加速器的绩效与风险投资的绩效不同，但与天使的绩效相似。加速器的被投资者在融资后表现良好，风险资本的被投资企业在生存能力方面表现良好。其研究实证验证加速器相关的定性研究。

Goldfarb 等（2013）使用 182 系列 A 优选股票轮次的独特样本，研究天使投资者在早期风险融资中的作用。样本包括天使投资单独、风险投资单独，以及两种投资者共同投资的交易。作者发现有更多的天使投资者的交易具有较弱的现金流和控制权，并且经历更长的决定时间。在大型交易中，仅由风险投资公司资助的交易最有可能成功实现清算，天使目标可能与企业家更加一致，而不是 VC，这些结果可能与利益冲突有关。

Pahnke 等（2015）对美国微创手术设备行业中完整的初创企业总体的纵向研究中，测试了制度逻辑 - 不同类型的融资合作伙伴的规范、结构和实践如何影响年轻公司及其对创新的追求。研究发现，融资合作伙伴的类型彼此差异很大：它们都提供资源，但它们的制度逻辑不同。风险资本家（VC）选择拥有重要专利技术的年轻公司，并帮助公司推出产品，高地位的风险投资公司加强了年轻公司的专利和产品创新。企业风险资本家和政府机构也选择专利密集型公司，但在关系中帮助企业的效率低于风险投资。虽然这些合作伙伴往往拥有令人印象深刻的创新技术和商业资源，但是他们的制度逻辑限制了年轻公司如何有效地获取他们的资源。相对于其他类型的融资合作伙伴，风险投资公司与合资企业有更密切的顾问关系；更大的权力、影响力和更多的资源；更合拍、更具激励性的里程碑，并更好地了解商业化进程。其研究结果将制度逻辑文献扩展到组织间关系，并表明：除了通过关系获得的财务资源之外，资助合作伙伴类型之间的选择可能会对企业创新产生意想不到的影响。

不同类型股权投资者，对初创企业的影响还体现在早期投资者对后续融资的认证作用。Drover 等（2017）分析了天使和众筹投资的不同属性，如何在风险投资家们做出尽职调查筛选决策时认定初创企业的质量。使用

104 个 VC 做出 1036 个筛选决策的两个实验的结果表明，天使和大众属性的异质性可以产生高度影响力的认证效果，这种认证信号会增加初创企业后续融资的机会，而风险投资的进入和参与程度能显著改善企业 IPO 绩效。

因此，股权投资者类型异质性程度越高，说明投资者类型越多样化，根据现有文献，这对初创企业的首次公开募股是有利的。

综上，本研究提出如下假设。

H1-1：股权投资者类型异质性对初创企业 IPO 有直接影响，股权投资者类型异质性程度越高，初创企业通过 IPO 退出的可能性越大。

在关于并购的退出决策中，股权投资者类型越多样化，不同类型的投资者之间以及投资者与企业家之间的并购的动机差异程度可能也比较大。因此，对于并购的可能性而言，股权投资者类型异质性与并购绩效之间并非是直接的关系，可能存在其他作用机制。对于并购绩效，假设如下：

H1-2：股权投资者类型异质性不能产生直接的并购绩效，存在其他作用机制。

尽管多样化的股权投资者可以增加 IPO 的可能性，但股权投资者种类越多，并不能直接减少初创企业失败的概率，因为初创企业面临的市场环境是极其不确定的，研发成果市场化程度较低，初创企业随时面临失败的风险，假设如下：

H1-3：股权投资者类型异质性对初创企业停业没有直接的因果关系。

3.2.2　股权投资者地位异质性与初创企业绩效

相关研究表明，具有较高地位的风险投资者有较小可能出现失德行为。高地位的风险投资人更加关注自己的地位，并希望避免任何可能导致地位丧失的行为（Jensen，2006；Wang 和 Jensen，2018）。风险投资行业是一个特别紧密的联系社区，地位丧失的威胁是一种严厉的制裁措施（Wrigh 和 Lockett，2003；Meuleman 等，2010）。因此，高地位的 VC 比低地位的 VC 更有可能遵守其行为规范，企业家可能不太会关注地位较高的风投机构的机会主义风险(Meuleman 等, 2010)。当现有的风险投资人地位很高时，企业家寻找新的风险投资人以减轻机会主义的必要性就减少了。因此，股权投资者地位异质性应该对初创企业绩效有很强的影响。

Kang（2019）认为，不同类型的 VC 投资者在一个联合组织中的相对影响力会影响初创企业成功退出的可能性，仅联合组织并不一定会增加企业成功退出的可能性，除非关键联合组织成员对退出事件具有激励和偏好。只要有信誉的 IVC 投资者存在于集团中，并且 IVC 投资者先前已与 CVC 投资者合作，CVC 的参与就可以帮助企业成功退出。

Nahata（2008）提出了风险投资（VC）公司地位的新指标，并分析了其对私营公司的绩效影响。控制投资组合公司质量和其他 VC 特定因素，包括经验、联系、联合、行业竞争、退出条件和投资环境，通过首次公开募股（IPO）资本化份额（基于由风投支持的 IPO 的累计市值），发现更有地位的风险投资公司支持的公司更有可能成功退出，更快地进入股票市场，并在 IPO 时拥有更高的资产生产率。进一步的测试表明，VCs 的 IPO 股本份额有效地赢得了 VC 筛选和监控专业知识。研究结果对有限合伙人和企业家关于 VC 地位异质性有财务意义。Pahnke 等（2015）指出，高地位的风险投资公司加强了年轻公司的专利和产品创新。

初创企业的股权投资者地位差异性程度越大，说明投资者的联合中存在更多高地位和低地位的组合，这样的组合更能克服融资决策中的过度自信，能力匹配更为均衡，高低位的股权投资者的参与能帮助企业成功退出。

综上，本研究提出如下假设：

H2-1：股权投资者地位异质性对初创企业 IPO 有直接影响，股权投资者地位异质性程度越高，初创企业 IPO 的可能性越大。

对于风险投资机构而言，以 IPO 退出的动机比并购更大。一方面，通过 IPO 退出，创投机构能获得最高的收益；另一方面，可以向创投机构的出资人证明其良好的投资能力和管理资本的能力，这可以增加其“声誉”资本。对于初创企业而言，在风投机构退出后还能在股票市场上获得长期稳定的融资。

田轩（2014）证明，由 VC 联合投资支持的创业公司更有可能上市，而不是被收购。

因此，对于并购绩效，假设如下：

H2-2：股权投资者地位异质性程度越高，初创企业并购的可能性越小。

此外，高地位股权投资者的存在，降低了企业停业的风险，因此，我们提出以下假设：

H2-3：股权投资者地位异质性程度越高，初创企业停业的可能性越小。

3.2.3　国别异质性与初创企业绩效

Park 等（2019）调查了企业风险投资（CVC）与外国风险投资（FVC）之间的关系，以及参与融资轮的投资者集中度。作为不同于独立风险投资的风险投资形式，CVC 和 FVC 可以为初创企业提供不同的价值。但是，在该集团中拥有 FVC 或 CVC 投资者也会给其他投资者带来额外风险。调查发现企业风险投资或外国风险投资附属关系与投资者集中度较低有关。结果表明，投资者不仅要评估初创企业，还要评估他们的联营合作伙伴，以确定他们在本轮投资中的相对份额。

许昊（2015）指出，风险投资的支持促进了企业研发投入，不同背景风险投资对企业研发投入的影响不同；政府背景风险投资对企业研发投入无影响，外资背景和民营风险投资对企业研发投入有积极的促进作用，其中外资是最有效的投资者；风险投资的整体持股比例未能增加企业的研发投入，但外资背景风险投资的持股比例对企业研发投入有着显著的正向影响。进一步的分析表明，民营与外资背景风险投资构成了增强企业研发的有效联合投资，风险投资的早期进入和充分孵化均促进了企业的研发投入。

许昊（2016）进一步通过手工判别风险投资及其背景，以创业板上市企业为研究对象，分析了风险投资机构的进入、参与程度和资金背景对初创企业 IPO 绩效的影响。研究发现：（1）风险投资的进入和参与程度能显著改善企业 IPO 绩效;(2)相比于政府背景风险投资，民营和外资背景风险投资的进入和参与程度对 IPO 绩效的影响更大;(3)政府背景风险投资虽向投资者发出初创企业质量较高的“信号”，但未能真正缓解投资者对企业真实价值认识的信息不对称和不确定性。此外，联合风险投资可以有效提升 IPO 绩效。

股权投资者国别异质性越高，说明投资者国别背景的多样化和丰富化，外国投资者的存在，能发挥其风险投资的经验特长，增加本土企业国际资本市场募集成功的可能性，本土投资者的存在，能克服外国投资者的新生障碍，又能发挥其本地网络的优势。

综上，本研究提出如下假设：

H3-1：股权投资者国别异质性程度越高，初创企业 IPO 的可能性越大。

H3-2：股权投资者国别异质性程度越高，初创企业并购的可能性越大。

一般而言，国际化的股权投资者已在其本国市场积累了很多失败企业的案例，他们对失败的容忍度更高。因此，外国投资者的存在，对于初创企业的创新和战略管理是有利的，能提高初创企业融资和投资决策的质量，降低了初创企业停业的可能性。因此，假设如下：

H3-3：股权投资者国别异质性程度越高，初创企业停业的可能性越小。

3.2.4 股权投资者认知异质性与初创企业绩效

文献表明，BAs 和 VCs 这两个投资者类别在从正规教育和专业经验获得的知识方面，以及根据认知方式和流程（直觉、效果推理与预测）决策方面存在差异，BAs 和 VCs 通常有不同的认知特征，这可能导致投资者心智模式与创业家心智模式的差距，企业家首次接触这些不同的参与者可能会有重大差别。因此，引入不同的投资者类别会产生认知异质性，是认知冲突和成本的一个潜在来源。认知异质性对初创企业的影响可能是双向的，既可能带来认知冲突，另外也带来异质资源价值，通过学习和理解，可以转化成认知价值。

初创公司生命周期的早期阶段环境存在极端不确定性，而这时潜在的产品和市场往往不存在。因此，特别要指出的是，这些最有可能出现失败和下行风险的机会（Duening 等，2009）。大量文献证明，在创业金融市场上，正规风险投资公司（VC）和商业天使（BAs）基于他们的具体知识、技能和认知过程，已被证明可以为年轻创业企业的成功和绩效发挥独特的作用。这些作用包括充当企业家发展战略的咨询董事、监督和监控、资源获取和指导（Politis, 2008）。商业天使和风险投资者具有不同的认知特征，在共同投资中，Hellmann 和 Thiele（2015）认为，商业天使和风险投资既是朋友还是敌人，企业家首先获得天使投资，然后获得风险投资资金。两种类型的投资者是朋友，因为他们彼此依赖。但是，它们也是敌人，因为在后期阶段，风险投资家不再需要天使。

认知在投资者创业投资决策中发挥着重要的作用。早期创业是一个非常复杂的环境，既不是以单一地关注直觉识别为标志的决策环境，也不是形式化分析过程可以完全决定最佳概率结果的环境。创业投资包含这两者的要素：从本质上来说，它们是不透明和复杂的，但使投资者有机会分析和量化投资因素，关键标准以及一定程度上的风险（Huang 和 Pearce, 2015）。投资者所谓的直觉实际上是一个复杂的直觉过程，既包含认知又包含情感，并且具有分析性和感知性主观性（Huang，2018）。因此，投资者认知差异会带来不同的决策结果。从投资者决策角度看，投资者异质性越大，投资者认知冲突也越大，这会带来认知成本。Du（2016）证明风险投资人通常倾向于与其他类似的风险投资人联合，但他们的偏好似乎并不与短期的财务回报或长期的生存相关，从长期来看，向不同的风险投资者学习是有益的。

不同的投资者在投资决策过程中都会带有一定的认知偏见，以色列心理学家 Amos Tversky 和 Daniel Kahneman 的团队首先创建了一个系统的框架。他们的研究汇集了心理学和统计学的不同概念，并构建了决策中的认知偏见框架，该框架是行为经济学的基础。当不完善的启发式方法习惯性地用于处理某些信息并导致决策中的系统错误时，就会出现认知偏差。

对于投资者的认知偏差有：可用性启发式是根据快速想到类似情况，而不是对数据和当前情况进行详细而严格的分析进行评估的过程。对于投资者来说，最常见的情况是在回忆过去进行的不成功或相反成功的投资时，以此作为评估当前机会的快速模板。代表性偏差涉及基于与典型案例的相似程度或一定的刻板印象代表性，来判断事件发生的频率或可能性，这种偏见忽略了仅基于先前信息，以及新信息的准确性程度发生事件的可能性，可能性由相似性代替。锚定涉及使用从数据不足或不相关的过去事件得出的初始基线进行估计，然后对这些事件进行适当的调整。基线不必是数字，而可以是谈判立场或一个将默认或最可能考虑的概念。确认偏差主动搜索与某个主题的预设观念相符的证据或信息的结果，同时积极地忽略或不寻找会挑战这些观念的证据。就是说，寻求确认的证据而不拒绝提供证据是有偏见的，这可能是风险投资中最常见的偏见，尤其是与可用性启发式方法结合使用时容易出现偏见。

风险投资家的一个共性特征是他们内在的信念，即他们是特殊的、非常有才华的和聪明的。聪明作为他们自我的重要组成部分开始主宰他们的个性，错误的决策很少被发现，因为这将挑战这些核心信念。相反，不良结果被归因于风险投资人无法控制的外部因素或行业内固有的高失败率（并非一切都可行）。投资界由高素质和受过教育的人组成，但是过多的教育往往会导致虚幻的知识和过度自信，这确实比较难克服，因为这样做会挑战人们对自己的能力和理性的深刻观念。

与风险投资者相比，企业与天使投资者的交流更加多样化和不可预测。许多天使单独进行投资，这意味着除了配偶或自己获得的任何帮助外，很少进行制衡，以最大程度地减少认知失真。这些独立的天使通常在早期阶段（例如，亲朋好友或种子轮阶段）进行投资，他们投资策略的关键要素是依靠创始人的能力和信任度。在许多情况下，这些天使几乎觉得自己是企业中的业务合作伙伴或联合创始人，并期望与企业家紧密合作。

根据以上逻辑推导，可以认为，投资者认知异质性越大，不同的异质资源贡献的心智模式也越多，但认知冲突也大。因此，投资者认知异质性越大，对初创企业 IPO 产生不良影响。基于以上分析，本研究提出以下假设。

H4-1：股权投资者认知异质性越大，初创企业 IPO 可能性越小。

对于股权投资者而言，并购退出是最快捷的一种退出方式，其最大的优势在于支付方式比较灵活，既可以通过股权交换的方式实现，也可以用资金结算，并购缩短了股权投资者的投资周期，节省交易费用。因此，当股权投资者认知异质性较高时，并购退出成为一种折中方案，更容易形成共识，假设如下。

H4-2：股权投资者认知异质性越大，初创企业并购的可能性越大。

田轩（2014）认为初创企业的高失败率和高风险性是众所周知的。因此投资失败的高可能性成为 VC 行业的一大特征。股权投资者认知异质性越大，可能提供更多对于失败的认知观点。因此，对于初创企业全面理解失败是有利的，假设如下。

H4-3：股权投资者认知异质性越大，初创企业停业的可能性越小。

3.2.5　股权投资者女性偏见异质性与初创企业绩效

女性研究是创业金融研究的新领域，主要针对女性企业家和女性在股权投资机构所占的比重。长期以来，创业和风险投资行业是女性高歧视行业。因此，对于创业团队和机构高管团队增加多样性很重要。

Becker-Blease 和 Sohl（2011）研究了 2000 年到 2006 年间 183 个小组的样本中，性别多样性对天使团体投资行为的影响。证据表明，性别多样性是群体投资行为的重要预测指标，并且女性天使在该群体中的比例对投资可能性具有负面但非线性的影响。这些数据与情境解释最为一致，即与其他情况相比，女性在少数人群中的投资方式不同。这些结果对女企业家获得资金具有重要意义，并呼吁女性投资者更多地参与天使市场。

Gompers 和 Wang（2017）研究增加多样性是否会提高企业绩效，用一个独特的风险投资伙伴的孩子性别数据集来验证。结果发现，养育更多女儿会导致风险投资公司雇用女性合伙人的倾向增加。通过工具变量设置表明，通过养育更多女儿而改善的性别多样性提高了交易和资金绩效。这些影响绝大多数集中在高级合作伙伴的女儿身上，而不是初级合伙人。总之，研究结果对资本市场如何在改善多样性的情况下更好地发挥作用具有深远的影响。

但是，对于管理团队中女性成员能够增加初创企业绩效的研究结果还不稳定。在实践中，女性高管比例高的投资机构更多是基于社会公平和应对某些地区多样化政策的考量。本研究在收集投资机构高管团队的信息时，数据显示，本土业绩高的一些创投机构，高管团队几乎清一色的男性或者有极少数的女性。

股权投资者女性偏见异质性程度越大，说明联合投资中股权投资者女性高管的比例越分散，机构女性偏见的同质性更低。股权投资者中既有女性比例高的创投机构，也有女性比例低的创投机构，在共同决策过程中，女性歧视的分歧也越大。这可能带来的后果是，合作的氛围不太融洽，创业决策更容易受到行为因素的影响，从而降低了退出决策的质量。

基于以上分析，本研究提出以下假设。

H5-1：股权投资者女性偏见异质性越大，初创企业 IPO 的可能性越小。

H5-2：股权投资者女性偏见异质性越大，初创企业并购的可能性越小。

H5-3：股权投资者女性偏见异质性越大，初创企业停业的可能性越大。

3.3 公司治理对股权投资者异质性与初创企业绩效关系的中介作用

股权投资者异质性除了直接影响初创企业绩效以外，还对初创企业的公司治理产生影响，并进而影响初创企业绩效。因此，本研究进一步验证了公司治理对股权投资者异质性与初创企业绩效关系的中介作用。

3.3.1　初创企业公司治理的特征

最近二十年来，人们对初创企业的公司治理研究表现出极大的兴趣。这些研究主题涉及董事会（BOD）、首席执行官（CEO）的特征和薪酬、CEO 与 BOD 的关系、高层管理团队的特征和运作，以及与所有权相关的方面（Li 等，2018）。

Charreaux（1997）将公司治理定义为“定义权力并影响首席执行官决策的一套机制”，包括公司董事会、股东和最高管理团队。Wirtz（2011）基于此定义，构建了创业企业公司治理的概念模型，将公司治理视为一个复杂的动态系统，该模型由各种参与者和机制组成，强大而胜任的管理团队，具有多种能力的董事会以及风险资本家等活跃的所有者发挥着突出的作用，企业家可以通过适当的治理来增强自身有限的能力，表征各种治理行为者的认知异质性会对公司增长的速度和可持续性产生重大影响。因此，创业公司的特殊之处在于，认知杠杆比监督维度更为重要。

董事会在创业公司的运作和生存中起着关键作用（Charas 和 Perelli，2013）。Fama 和 Jensen（1983）认为，与上市公司相反，创业企业不受所有权和控制权分离的影响，提出有关董事会监督的现有模型如何适用于创业环境的问题。Garg（2013）使用代理理论来填补这一空白，提出创业董事会的构成会影响董事会从事的监督活动，并且创业董事会的监督程度对公司绩效表现出曲线影响。Garg 将监督定义为“董事会及其个人董事的活动，这些活动旨在跟踪高管的重要行为，其行为的结果以及企业的业绩，以确保根据需要采取纠正措施”。

刘奎甫和茅宁（2016）指出，对处于成长阶段的初创公司来说，董事会的资源提供职能更为重要。不同风险投资在资源提供方面存在差异性。因此，对于初创公司来说，不仅要积极引入风险投资，更要充分利用风险投资所提供的“价值增值”服务。

陈伟（2013）认为，由于资本来源不同，导致不同的风险投资在出现动机、参与企业的管理程度，以及为企业所提供的资源等方面存在着明显差异。Van Osnabrugge（2000）详细比较了商业天使（BA）和风险投资家（VC）在整个投资过程中的投资标准和程序，基于代理理论提出，英国的 BA 和 VC 可能采用不同的方法来限制其投资中的潜在代理风险（即与企业家潜在滥用投资者资金相关的风险），结果支持了主要的假设观点。尽管投资者在投资过程的所有阶段都会降低代理风险，BA 更加重视事后投资这样做（不完整的合同方式），而风投则强调更多在事前投资这样做（委托代理方式）。

Wirtz（2011）提出，创业企业治理未来的一个研究途径是研究不同所有者类型的特定配置，例如商业天使和风险资本家的共同投资，目的是更深入地了解这些行为者对增长和参与治理过程的贡献。Bessière 等（2020）指出迄今为止，很少有研究深入探讨参与单个公司的不同类型投资者之间的相互作用，但是这种共同投资在实践中相对普遍。

3.3.2 股权投资者异质性对公司治理的影响

Bonnet 和 Wirtz（2012），Bonnet、Wirtz 和 Haon（2014）与 Cohen（2017）专注于研究在共同投资环境中风险投资（VC）和商业天使（BA）之间的动态互动。作者强调了风险投资家和商业天使所提供的技能和建议的互补性，以及由此产生的代理关系日益复杂。Bessière 等（2020）将股权众筹（ECF）引入创业金融市场扩大了可能性的范围。从理论上讲，这进一步增加了各种关系的复杂程度，在代理关系方面（不仅在企业家和股东之间，而且在不同类别的股东之间），以及可用的财务和认知资源的不同类型。ECF、BA 和 VC 提供了将创业项目付诸实施所需的资源，这些资源既是认知资源，也是财务资源。

通过文献回顾，本研究归纳出股权众筹、商业天使和风险投资三类股权投资者的贡献如下（表 3.2）。

表 3.2　不同股权投资者对企业的贡献

股权众筹贡献
通过社交网络的声誉和中介 为初创企业开发形象 财政和认知资源的贡献（通过人群对项目的反馈） 实施速度
商业天使贡献
通过提供财务资源来克服融资问题 适度的财务资源（与风投相比） 与企业家合作，实施创业项目 为企业家提供访问他们自己的网络的权限
风险投资贡献
大量财务资源 提供联系和网络以帮助项目成功 基于财务绩效的专业监控 在预定范围内的投资回报率

资料来源：作者整理。

Bessière 等（2020）进一步归纳了股权众筹 - 商业天使 - 风险投资联合投资中可用的治理杠杆，如表 3.3 所示。

表 3.3　股权众筹 - 商业天使 - 风险投资联合投资中可用的治理杠杆

	股权众筹	商业天使	风险投资
筹资期间	群众投票与公司之间的交流； 追随者在尽职调查阶段的地位； 通过普通股筹集资金	与企业家的亲密关系在尽职调查阶段，追随者的地位； 通过优先股筹集资金； 主要商业天使之间的股东协议	推动尽职调查和公司评估阶段； 通过优先股筹集资金； 风投之间的股东协议
融资后	控股公司对投资进行监控与公司管理层组织的赞助商之间的互动有限； 不要董事会席位	根据商业天使的目标进行监控； 不要董事会席位	加强报告工具； 积极监督和积极参与监事会（决策机构）； 管理团队与风险投资者之间的强大互动

资料来源：作者整理。

如前文综述，创业融资过程中，不同的股权投资者通过融资合同机制来界定与初创企业的关系和利益。除了融资合约，股权投资者还对董事会和创业团队等治理机制产生影响。本研究主要关注股权投资者异质性对两职合一、董事会席位、董事会规模和创业团队规模的影响。

1. 股权投资者异质性对两职合一的影响

已有研究表明，需要快速决策和明确战略方向的公司，首席执行官两职合一是最佳的结构。

股权投资者类型异质性和认知异质性越大，初创企业需要协调的成本也越大。因此，在这种环境中，首席执行官两职合一能够减轻协调成本。本研究提出如下假设。

H6-1：股权投资者异质性和认知异质性越大，CEO 两职合一的可能性越大。

Sanders 和 Carpenter（1998）发现公司国际化程度对两职合一有负面影响。一般存在外国股权投资者的企业相比没有外国股权投资者的企业，国际化程度更高。也有研究表明，将首席执行官和董事会主席的角色分开，可能是应对更高的信息处理要求的一种方式，对于女性偏见异质性和地位异质性比较大的初创企业，两职分开的决策环境更合适。因此，本研究假设如下。

H6-2：股权投资者国别异质性越大，女性偏见异质性和地位异质性越大，对 CEO 两职合一的负面影响就大。

2. 股权投资者异质性对董事会席位的影响

董事会控制着企业中最重要的高层决策（Lerner, 1995），通常决定是否对企业战略进行重大调整，董事会还是唯一可以发起基本交易（例如合并，IPO 和解散）的权力机构。因为退出决策必须获得董事会批准，外部投资者在投资初创企业时，会积极争取一个或多个董事会席位。董事会席位权利是风险投资合同中授予投资者的各种潜在权利之一。

因此，随着创始人放弃股权和董事会席位以吸引投资者，创始人席位所占比例逐渐降低，风险投资者代表人数趋于增加。

股权投资者异质性的五个维度，对创业投资机构在董事会的席位影响是不同的，投资者类型异质性程度越高，说明风险投资的类别越多。如前文所述，一般风险投资家会积极监督和积极参与董事会和监事会（决策机构），因此，本研究提出如下假设。

H7-1：股权投资者类型异质性程度越高，机构投资者在初创企业董事会的席位越多。

股权投资者国别越多样化，国外的投资者一般会积极构建本地网络，加强对初创企业的监督和服务，参与重大战略问题的决策。因此，这对进入董事会的意愿更大，假设如下。

H7-2：股权投资者国别异质性程度越高，机构投资者在初创企业董事会的席位越多。

股权投资者认知异质性和女性偏见异质性程度越大，对于进入董事会的意愿分歧也大，这会带来团队冲突，最终结果对机构所占席位可能是负向影响。Kaplan 和 Stromberg（2003）研究发现并非所有投资者都能获得控制权，从而可以任命其代表进入董事会，董事会组成的变化取决于新投资者与现有董事会之间就董事会席位的谈判。股权投资者地位异质性越大，地位高的投资者在董事会可能占据稳定的席位，这反而挤压了其他地位低的投资者拥有董事会席位的机会，对机构所占席位的影响可能是也是负向的。Barney 等（1996）认为当风险投资人地位低且高层管理团队在初创企业行业拥有丰富经验时，CEO 也不太可能重视风险投资人的参与，假设如下。

H7-3：股权投资者认知异质性、地位异质性和女性偏见异质性程度越大，对机构投资者在初创企业董事会的席位负向影响越大。

3. 股权投资者异质性对董事会规模的影响

王兰芳（2011）通过对我国境内 658 家企业董事会规模和结构的分析发现，与非创业投资支持的企业相比，创业投资支持的企业拥有规模较大和内部董事比例较小的董事会。

Ewens 和 Malenko（2020）通过观察初创企业的董事会自第一轮风险

投资融资以来的发展，在初次融资时，平均（中位数）董事会有3.6（3）名成员，董事会的控制权通常分配给企业家。随着创业公司的成长和筹集资金的增多，创业公司会同时增加风险资本投资者和独立董事。公司整个生命周期的平均董事会规模为4.4，风险投资人拥有大约2个席位，高管拥有1.7个席位，独立董事拥有0.8个席位。因此，与董事会席位的分析类似，本研究提出如下假设。

H8-1：股权投资者类型异质性程度越高，初创企业董事会规模越大。

H8-2：股权投资者国别异质性程度越高，初创企业董事会规模越大。

H8-3：股权投资者认知异质性、地位异质性和女性偏见异质性程度越大，对机构投资者在初创企业董事会的席位负向影响越大。

4. 股权投资者异质性对创业团队规模的影响

Bruton和Garry（2009）将创业团队定义为两个或两个以上具有重大财务利益并积极参与企业发展的个人。

尽管广泛了解异质性在创始团队中的重要性（Bruton等，2009；Kim和Aldrich，2005；Leung等，2013），创始人似乎偏向于选择具有相似信念、价值观和地位的联合创始人，从而创建一个友好的创始人团队（Parker，2017）。

股权投资者异质性程度高，投资者容易与创始团队产生冲突，这会造成团队成员的更替，但是否会影响到规模，目前还未有明确的定论。因此，本研究提出如下假设。

H9：股权投资者异质性的五个维度对创业团队规模没有直接的因果联系。

3.3.3 公司治理对初创企业绩效的影响

1. 两职合一对初创企业绩效的影响

关于创始人兼CEO双重性的现有研究认为，将这些职位分开会产生多重授权关系，并可能降低团队就其方向达成清晰共识的能力，尤其是当创始人和首席执行官的目标和愿景不一致时。早期，由于创始人首席执行官对公司的资源、能力和技术有足够的了解，因此他们对自己和他们的判断有更大的信心。领导者的自信、信心和愿景是追随者的心理安慰之源，从而通过显示不确定性如何可以变成机会和成功的愿景减轻他们的压力。

关于两职合一对初创企业绩效影响的多篇实证分析文章显示，大部分文章结果是没有影响和产生负影响，少量几篇文章结果是正影响。在 Krause 等（2014）引用矛盾的证据后，学术界关于对首席执行官二重性与公司绩效之间关系的探索变得更加细致。可以认为，两职合一对初创企业的影响必须结合具体的情境变量，也有一些文章开始将两职合一作为调节变量来研究。

因此，遵循绝大多数实证结果的推断，本研究提出如下假设。

H10：CEO 两职合一对初创企业绩效产生负影响。

2. 董事会席位对初创企业绩效的影响

拥有董事会席位（并享有该董事会席位）的权利使投资者能够在董事会会议期间和外部会议期间积极参与监控、建议和战略决策。尽管投资合同中的各种其他权利和或有事项为投资者带来了一些控制机会，甚至有可能替代某些企业中的董事会监督，但董事会席位的权利独特地提供了影响广泛的战略决策和现行战略的途径（Garg 和 Furr，2017）。

投资机构拥有的董事会席位越多，越有利于投资者行使监督和服务职能，并有效地发挥其增值能力。综上分析，本研究提出如下假设。

H11：机构投资者所占董事会席位对初创企业绩效产生正影响。

3. 董事会规模对初创企业绩效的影响

具体来说，较大的董事会可能表示公司可以使用更广泛范围和质量的关键资源：信息、人员、资本、原材料和服务。

郝云宏和周翼翔（2009）基于动态内生性视角，对我国 1999—2008

年沪深两市 509 家上市公司为研究对象，验证了董事会规模与公司绩效的弱相关性，并认为中国上市公司基本上都找到了自己适度的董事会规模。可以认为，在创业企业背景下，董事会的规模一般都不大。因此，在一定范围内，其增长对初创企业退出绩效和生存绩效有正影响。综上分析，本研究提出以下假设。

H12：董事会规模对初创企业绩效产生正影响。

4. 创业团队规模对初创企业绩效的影响

在团队研究中，很少实证将团队规模作为自变量推导其与企业绩效的关系，最常见的是将团队规模作为控制变量。MayeHaug 等（2013）实证结论是，团队规模与绩效之间在销售和员工成长方面总体上呈正相关。资源观点支持这一结论，认为团队越大，可用的资源越多。一方面，较大的团队倾向于吸引更多资源，例如财务资源，反过来会吸引更多高质量合作伙伴，从而提高经济绩效。另一方面，有研究认为，更大的团队与更大的情感冲突相关联，可能对企业业绩产生负影响。机会识别研究证据支持更大的团队规模，显著增加了初创企业发现机会的数量和种类。信息观点认为特征的异质性可以帮助团队锻炼管理者的自由裁量权，适当的创业团队规模有利于行为整合和信息处理效益。在高科技等复杂环境中，团队规模是初创企业增长的有力预测指标。综上，本研究提出以下假设。

H13：创业团队规模对初创企业绩效产生正影响。

以上两步为基础，在控制中介变量以后，初创企业股权投资者异质性对初创企业绩效的假设方向不变，本研究提出以下假设。

H14：在股权投资者异质性与初创企业绩效的关系中，公司治理发挥了中介作用。

3.4 创业生态系统对股权投资者异质性与初创企业绩效关系的调节作用

经验数据表明，不同地区之间的初创企业和业务增长均存在显著差异。随着时间的流逝，地区之间的社会经济、制度、政治、组织和日益重要的信息和技术背景差异仍然存在，表明创业绩效是由路径依赖的过程驱动的。因此，有必要从城市创业生态系统层面测度股权投资者对初创企业绩效影响的不同特征。

3.4.1 股权投资者异质性与初创企业退出绩效

1. 股权投资者类型异质性与初创企业退出绩效

强创业生态系统组的城市主要包括北京、长三角的 3 个城市，珠三角的 2 个城市以及成都和厦门。这些地区大部分是我国经济较发达的地区，集中了创业投资最优质的资源。因此，对于这些地区的初创企业需求反而更多样化，对于投资者类型异质性带来的利益依赖性小。同时，股权投资者类型异质性越大，股权投资者之间的委托 - 委托问题也日益凸显。在创业资源丰富的地区，股权投资者有更多的选择，反而这些问题更容易激发冲突。因此，本研究提出以下假设。

H15-1：强创业生态系统组，对于股权投资者类型异质性与初创企业 IPO 之间的关系发挥了负向调节作用。

H15-2：强创业生态系统组，对于股权投资者类型异质性与初创企业并购之间的关系发挥了负向调节作用。

2. 股权投资者地位异质性与初创企业退出绩效

在强创业生态系统组的投资者可能地位差异程度比较大，地位强的风险投资机构在退出决策时，选择并购的意愿更大，而不是 IPO。因为，其已建立声誉资本，不需要通过IPO来构建业内网络。因此，本研究提出以下假设。

H16-1：强创业生态系统组，对于股权投资者地位异质性与初创企业IPO之间的关系发挥了负向调节作用。

H16-2：强创业生态系统组，对于股权投资者地位异质性与初创企业并购之间的关系是正向调节。

3. 股权投资者国别异质性与初创企业退出绩效

在强创业生态系统组内的股权投资者，其国别异质性程度可能比非强创业生态系统组大。因此，为了尽早与本土机构合作，扩大自己的本地化网络，他们更愿意帮助国内投资者IPO，从而扩大自己的声誉。其以IPO形式退出的动机更大，这会对并购退出不利。根据以上分析，本研究提出以下假设。

H17-1：强创业生态系统组，对于股权投资者国别异质性与初创企业IPO之间的关系发挥了正向调节作用。

H17-2：强创业生态系统组，对于股权投资者国别异质性与初创企业并购之间的关系发挥了负向调节作用。

4. 股权投资者认知异质性与初创企业退出绩效

与非强创业生态系统内的股权投资者相比，强创业生态系统内的股权投资者更能利用认知异质性带来的机会，克服认知冲突。而且，可以通过多种学习渠道和形式提高各方的认知水平，化解矛盾。因此，本研究提出以下假设。

H18-1：强创业生态系统组，对于股权投资者认知异质性与初创企业IPO之间的关系发挥了正向调节作用。

H18-2：强创业生态系统组，对于股权投资者认知异质性与初创企业并购之间的关系发挥了正向调节作用。

5. 女性偏见异质性与初创企业退出绩效

如前文所述，股权投资者女性偏见异质性程度越大，说明股权投资者中既有女性比例高的创投机构，也有女性比例低的创投机构。在共同决策过程中，女性歧视的分歧也越大。在强创业生态系统组，文化氛围更加多元包容，性别平等意识更强，可能会逐渐改变社会中的刻板印象，以及由此造成的女性在职场中受歧视现象。

根据以上逻辑，在强创业生态系统组，女性偏见异质性大的股权投资者总体上业绩应该好于非强组。因此，本研究提出以下假设。

H19-1：强创业生态系统组，对于股权投资者女性偏见异质性与初创企业 IPO 之间的关系发挥了正向调节作用。

H19-2：强创业生态系统组，对于股权投资者女性偏见异质性与初创企业并购之间的关系发挥了正向调节作用。

3.4.2 股权投资者异质性与生存绩效

1. 股权投资者类型异质性与初创企业停业指标

强创业生态系统组的股权投资者类型异质性越大，一方面可能增加股权投资者之间的协调成本。另一方面，在创业资源丰富的地区，市场化程度更高，初创企业之间的竞争更大，类型众多的投资者一旦外部市场对企业不利，更愿意提前止损。由于这些影响，本研究提出以下假设。

H20：强创业生态系统组，对于股权投资者类型异质性与初创企业停业指标之间的关系发挥了正向调节作用。

2. 股权投资者地位异质性与初创企业停业指标

在强创业生态系统组的投资者可能地位差异程度比较大，地位强的风险投资机构可能更容易过度自信，强创业生态系统市场不确定程度更大，往往涉足的是高风险行业，以往的成功经验反而可能是阻碍。因此，本研究提出以下假设。

H21：强创业生态系统组，对于股权投资者地位异质性与初创企业停业指标之间的关系发挥了正向调节作用。

3. 股权投资者国别异质性与初创企业停业指标

在强创业生态系统组内的股权投资者，其国别异质性程度可能比非强创业生态系统组大，而外国投资者一般积累了较长时间的风险行业经验，他们对风险的识别能力更强。因此，可以帮助企业规避各种不利状况，或者面临不利状况有更多措施及早从困境中走出。根据以上分析，本研究提出以下假设。

H22：强创业生态系统组对于股权投资者国别异质性与初创企业停业指标之间的关系发挥了负向调节作用。

4. 股权投资者认知异质性与初创企业停业指标

与非强创业生态系统内的股权投资者相比，强创业生态系统内的股权投资者更能利用认知的多样性，对各种不利状况及早识别，根据提供的多种心智模式，提高决策的质量，减少失败率。因此，本研究提出以下假设。

H23：强创业生态系统组，对于股权投资者认知异质性与初创企业停业指标之间的关系发挥了负向调节作用。

5. 女性偏见异质性与初创企业停业

如前文所述，股权投资者女性偏见异质性程度越大，说明股权投资者中既有女性比例高的创投机构，也有女性比例低的创投机构。在共同决策过程中，对女性的歧视导致的分歧也越大。在强创业生态系统组，女性承受歧视的耐受能力更强，外界提供的帮助更多。因此，冲突带来的负面影响更小。

根据以上逻辑，在强创业生态系统组，女性偏见异质性大的股权投资者总体上业绩应该好于非强组。因此，本研究提出以下假设。

H24：强创业生态系统组，对于股权投资者女性偏见异质性与初创企业停业指标之间的关系发挥了负向调节作用。

3.5 小结与评述

通过对初创企业融资活动的概念化，本研究构建了初创企业融资活动的概念模型，股权投资者和初创企业都有参与其中。随着资本市场的国际化、组织化和网络化，股权投资者越来越多样化和丰富化，股权投资者的异质性也日益受到关注，从实证角度验证其对初创企业绩效和治理的影响，以及城市创业生态系统在对二者之间关系影响的作用机制，目前尚属空白。

在创业金融领域，美国、欧洲和加拿大的一批学者构建了股权融资理论，从不同视角验证股权投资者对初创企业绩效和治理的影响，创建了初创企业融资理论体系。Cohen、Isenberg 和 Feld 倡导了创业生态系统方法。受国内外相关研究启发，本研究以初创企业为研究对象，结合创业金融理论、初创企业治理理论和创业生态系统方法，考察创业生态系统下，股权投资者异质性对初创企业绩效和治理的影响。

首先，本研究界定了初创企业和股权投资者异质性的概念，并从五个维度综合衡量股权投资者异质性。研究框架的第一个模块是股权投资者异质性的五个维度：类型异质性、地位异质性、国别异质性、认知异质性和女性偏见异质性。第二个模块是公司治理，主要关注两职合一、创投董事会席位、董事会规模和创业团队规模四个变量。第三个模块是初创企业绩效，主要使用了成功退出（IPO 加并购）、IPO、并购和停业四个二分变量。第四个模块是城市创业生态系统，以北京、上海、深圳、杭州、广州、南京、成都和厦门 8 个城市为一组，作为强城市生态系统，这也是一个二分的变量。

其次，本研究论证了股权投资者类型异质性、地位异质性、国别异质性、认知异质性和女性偏见异质性对初创企业绩效的关系。

再次，本研究论证了公司治理的中介作用和创业生态系统的调节作用。

最后，结合概念模型提出了本研究具体的研究假设。

本研究的实证研究模型如图 3.2、表 3.4 所示。

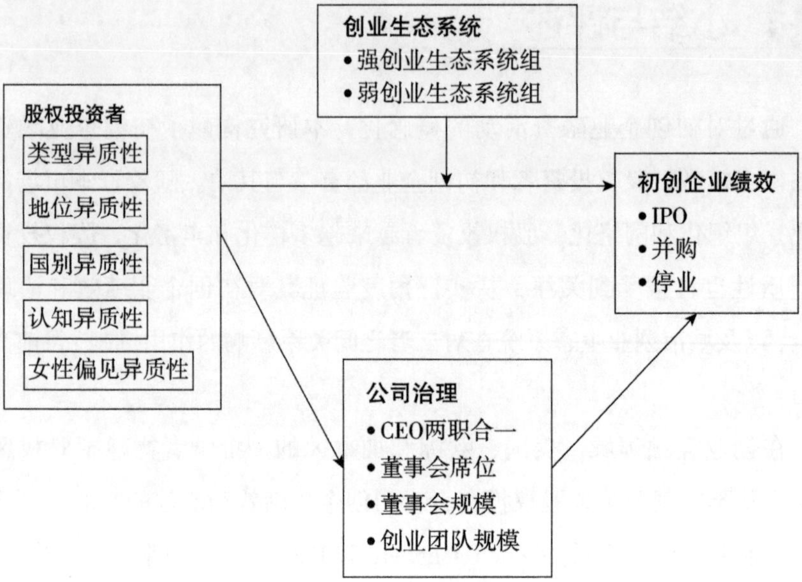

图 3.2　实证研究模型

表 3.4　研究假设汇总

股权投资者异质性对初创企业绩效的影响
H1-1：股权投资者类型异质性对初创企业 IPO 有直接影响，股权投资者类型异质性程度越高，初创企业 IPO 的可能性越大
H1-2：股权投资者类型异质性对初创企业并购没有直接影响，存在其他作用机制
H1-3：股权投资者类型异质性对初创企业停业没有直接的因果关系
H2-1：股权投资者地位异质性对初创企业 IPO 有直接影响，股权投资者地位异质性程度越高，初创企业 IPO 的可能性越大
H2-2：股权投资者地位异质性程度越高，初创企业并购的可能性越小
H2-3：股权投资者地位异质性程度越高，初创企业停业的可能性越小
H3-1：股权投资者国别异质性程度越高，初创企业 IPO 的可能性越大
H3-2：股权投资者国别异质性程度越高，初创企业并购的可能性越大
H3-3：股权投资者国别异质性程度越高，初创企业停业的可能性越小
H4-1：股权投资者认知异质性越大，初创企业 IPO 可能性越小
H4-2：股权投资者认知异质性越大，初创企业并购的可能性越大
H4-3：股权投资者认知异质性越大，初创企业停业的可能性越小
H5-1：股权投资者女性偏见异质性越大，初创企业 IPO 的可能性越小
H5-2：股权投资者女性偏见异质性越大，初创企业并购的可能性越小
H5-3：股权投资者女性偏见异质性越大，初创企业停业的可能性越大

续表

公司治理的中介效应
股权投资者异质性对公司治理的影响
H6-1：股权投资者类型异质性和认知异质性越大，CEO 两职合一的可能性越大 H6-2：股权投资者国别异质性越大、女性偏见异质性和地位异质性越大，对 CEO 两职合一的负面影响也大 H7-1：股权投资者类型异质性程度越高，机构投资者在初创企业董事会的席位越多 H7-2：股权投资者国别异质性程度越高，机构投资者在初创企业董事会的席位越多 H7-3：股权投资者认知异质性、地位异质性和女性偏见异质性程度越大，对机构投资者在初创企业董事会的席位负向影响越大 H8-1：股权投资者类型异质性程度越高，初创企业董事会规模越大 H8-2：股权投资者国别异质性程度越高，初创企业董事会规模越大 H8-3：股权投资者认知异质性、地位异质性和女性偏见异质性程度越大，对机构投资者在初创企业董事会的席位负向影响越大 H9：股权投资者异质性的五个维度对创业团队规模没有直接的因果联系
公司治理对初创企业绩效的影响
H10：CEO 两职合一对初创企业绩效产生负影响 H11：机构投资者所占董事会席位对初创企业绩效产生正影响 H12：董事会规模对初创企业绩效产生正影响 H13：创业团队规模对初创企业绩效产生正影响
中介效应
H14：公司治理发挥了中介作用
创业生态系统的调节效应
H15-1：强创业生态系统组，对于股权投资者类型异质性与初创企业 IPO 之间的关系发挥了负向调节作用 H15-2：强创业生态系统组，对于股权投资者类型异质性与初创企业并购之间的关系发挥了负向调节作用 H16-1：强创业生态系统组，对于股权投资者地位异质性与初创企业 IPO 之间的关系发挥了负向调节作用 H16-2：强创业生态系统组，对于股权投资者地位异质性与初创企业并购之间的关系是正向调节 H17-1：强创业生态系统组，对于股权投资者国别异质性与初创企业 IPO 之间的关系发挥了正向调节作用 H17-2：强创业生态系统组，对于股权投资者国别异质性与初创企业并购之间的关系发挥了负向调节作用 H18-1：强创业生态系统组，对于股权投资者认知异质性与初创企业 IPO 之间的关系发挥了正向调节作用 H18-2：强创业生态系统组，对于股权投资者认知异质性与初创企业并购之间的关系发挥了正向调节作用

续表

创业生态系统的调节效应
H19-1：强创业生态系统组，对于股权投资者女性偏见异质性与初创企业 IPO 之间的关系发挥了正向调节作用
H19-2：强创业生态系统组，对于股权投资者女性偏见异质性与初创企业并购之间的关系发挥了正向调节作用
H20：强创业生态系统组，对于股权投资者类型异质性与初创企业停业指标之间的关系发挥了正向调节作用
H21：强创业生态系统组，对于股权投资者地位异质性与初创企业停业指标之间的关系发挥了正向调节作用
H22：强创业生态系统组，对于股权投资者国别异质性与初创企业停业指标之间的关系发挥了负向调节作用
H23：强创业生态系统组，对于股权投资者认知异质性与初创企业停业指标之间的关系发挥了负向调节作用
H24：强创业生态系统组，对于股权投资者女性偏见异质性与初创企业停业指标之间的关系发挥了负向调节作用

第4章

研究设计

本章首先介绍样本选择和数据来源，接着根据文献回顾研究进行变量定义，最后介绍实证模型和数据分析。

4.1 样本选择与数据来源

4.1.1 样本选择

本书的研究对象是初创企业。目前，学术界对初创企业没有统一的定义，因此对于初创企业的取样依据不同的定义有不同的方法。根据前面章节的介绍，学术界和实践界比较认同的观点有以下两个。

Blank（2014）提出的 Startup 狭义定义：作为寻求可扩展、可重复、可盈利的业务模型的临时组织。认同此概念的学者，一般选择从成立开始 3 年或 5 年内的企业作为初创企业。

GSM（Ripsas 和 Tröger，2014）和 ESM 给出的更详细的 Startup 广义定义：（1）初创公司是一家成立不到 10 年的年轻公司。（2）初创公司具有创新的业务模型和 / 或采用创新技术。（3）员工人数或营业额增长。

当满足以上第一个特征以及其他两个特征中的一个或两个时，企业有资格作为 GSM（ESM）的初创企业。根据 GSM（ESM）的标准，在此选择从成立开始 10 年内的企业作为研究对象。

4.1.2 数据来源

本研究的核心数据来自中国研究数据服务平台 CNRDS 下载的被投资企业、投资事件和退出事件数据。由于被投资事件和投资事件的企业名和机构名不一致。因此，需要人工核实两张表匹配后的企业是否是同一家企业，投资机构是否是同一家机构，并对初创企业缺失的信息比对清科私募通数据库和 CV Source 数据库进行补充。网络地位测算的数据来自于清科数据库 2001—2019 年中国创业机构 50 强和天使投资 50 强排名。

对于数据库没有提供的数据，采取手工方式收集了机构女性高管数据、企业退出数据，初创企业的公司治理数据主要通过天眼查网站获取。

因此，手工收集数据的信息来源主要包括初创企业网站、股权投资机构网站、天眼查网站，以及媒体关于初创企业的相关报道，排除金融类初创企业，以及部分数据缺失过多的企业之后，最后得到 824 家初创企业数据作为样本。

4.2 变量选取与定义

4.2.1 因变量：初创企业绩效

初创企业大多数企业规模不大，传统的绩效度量（如收入或利润）在各公司之间是不可比拟的，业绩信息（如销售额或产品介绍）也不容易获得，评估初创企业的绩效是一项重大挑战。Kerr 等（2011）提出使用三类结果来衡量初创企业绩效：初创企业生存、初创企业退出和初创企业增长。衡量初创企业生存，以融资 4 年后是否存在的二元变量为指标。衡量初创企业退出，以初创企业是否 IPO 或被收购的二元变量为指标，以员工人数的增长来衡量初创企业增长。为了确定企业的生存，他们首先尝试直接与尽可能多的企业联系以了解其情况，然后对每个企业网站进行了搜索，并通过行业数据库和新闻专线（例如 CorpTech、VentureXpert、Dun & Bradstreet 和 Hoovers）以及早期创业数据库和论坛（例如 Gust、Tech Crunch 和 Angel List），对每个企业的生存情况进行了交叉检查，以证明企业持续运营。

本研究借鉴 Kerr 等（2014）的方法，同时考虑数据的可得性，以初创企业退出、初创企业生存作为本研究的初创企业绩效指标。

1. 退出指标

风险资本通常以下面五个退出机制之一结束。

（1）首次公开募股（IPO）：风险投资股份在已建立的股票市场上公开发售。

（2）收购（或贸易出售）：将整个企业出售给另一家公司。

（3）二次出售：风险投资公司仅出售其部分风险股份。

（4）回购或 MBO：企业家或公司管理层回购风险投资公司的公司股份。

（5）重组、清算或破产：如果项目失败，风险投资公司的最后选择就是重组或关闭合资企业。

对于成功退出，下列更早文献（如，Hochberg, Ljungqvist, and Lu, 2007）被定义为首次公开发行（IPO）或收购。因此，本书主要考虑两种成功的退出，以下述两个变量来测量。

（1）初创企业 IPO：初创企业在首次公开募股中，首次向公众出售股票。在本研究中，以是否 IPO 作为成功退出的二元变量，是取 1，否取 0。

（2）初创企业收购 Binggou：初创企业被另外一家大公司收购，以是否被收购作为成功退出的二元变量，是取 1，否取 0。

2. 初创企业生存指标

生存定义为从成立开始到研究期限内初创企业仍活跃经营，具体用以下变量来测量。

初创企业停业 tingye：被投企业是否还存在，用被投企业基本情况表中的商业状态来测量，停业为 1，在营为 0。

4.2.2 自变量：股权投资者异质性

股权投资者异质性可以从五个维度衡量，包括股权投资者类型异质性、地位异质性、国别异质性、认知异质性和女性偏见异质性。

如何在这五个维度上测量股权投资者的异质性是本书实证分析的关键问题。对于连续型变量，目前有些国内外实证研究依据 Beckman（2002）对于经验异质性的测量方法，将连续变量的变异系数作为衡量经验异质性的指标，即变量标准差与均值之比（陆瑶等，2017）。本研究借鉴国内外实证研究的这种做法，用变异系数测量股权投资者地位异质性、认知异质性和女性偏见异质性。对于离散型变量，目前国内外有些实证研究采用熵测度（Jacquemin 和 Berry，1979）来测算主体之间的异质性程度，公式是：

$$\text{Hetero} = -\sum\nolimits_i p_i \times \ln(p_i) \tag{4-1}$$

目前，也有很多实证研究采用赫芬达尔指数（HHI）作为异质性的代理变量，又称为 Blau 系数。Blau 率先采用这个方法来测量团队中的异质性，因其在数学上兼具测量连续型变量和离散型变量的优点，因此成为较为理想的异质性测量指标，对各类型异质性的测量使用了 HHI。

各异质性指标的具体测量方法有 5 方面。

1. 股权投资者类型异质性

采用 Blau 系数作为股权投资者类型异质性的代理变量，公式是：

$$\text{InvestortypeHetero}=1-\sum p_i^2 \tag{4-2}$$

其中，p_i 是投资者类型 i 所占的比例。

按照清科私募通数据库的分类，结合前面部分理论回顾的股权投资者类型，将初创企业股权投资者分为商业天使、天使集团、国际风险投资、政府风险投资、公司风险投资（战略投资者）、风险投资、加速器和众筹八类。由于国内创业金融数据库未专门收录加速器和众筹的数据，最终，本研究除了考虑几个加速器外，按商业天使、天使集团、国际风险投资、政府风险投资、公司风险投资（战略投资者）、风险投资六类计算。

2. 股权投资者地位异质性

地位异质性是共同投资的股权投资者在网络所处位置的差异。对于网络地位的测算，目前使用两个指标：一是 Bonacich 中心性；二是特征向量中心性。之前的研究（Guler，2018；Hallen，2008；Pollock 等，2015）已经确定，用 Bonacich 中心性来衡量 VC 的地位是很好的代理变量。通过构建机构 3-5 年的联合网络矩阵，使用 UCINET 程序计算中心度（Borgatti 等，2002），标准化指标，最大值为 1。标准化值越大，投资者网络地位越高，公式是：

$$\text{Status Hetero} = \frac{\sqrt{E(\text{status}_i - E(\text{status}))^2}}{E(\text{status})} \tag{4-3}$$

其中 status_i 代表第 i 个股权投资者的网络地位，$E(\text{status})$ 代表网络地位均值。

由于广泛使用的网络中心性在许多行业中构建可比较的网络矩阵是不现实的，因此在数据不可得的情况下，本研究借鉴 Wang（2018）的做法，使用外部覆盖率作为地位的指标。高地位的机构通常会受到资本市场的更多关注，采用创投机构知名度作为代理变量。自 2001 年起，清科研究中心已连续 19 年发布中国股权投资年度排名，其科学严谨的研究方法和公平公正的规范程序，为中国股权投资行业提供了良好的评价和参照体系。清科排名获得了中外投资机构的大力支持和肯定，年度排名可作为对外覆盖率的考量。Erden 等（2015）学者经常互换地位和声誉。基于以上对地位测量的思路，本书选取清科数据库 2010—2019 年中国创投机构 50 强和 100 强的数据，通过排名打分求均值，最后标准化处理得到异质性指数，最大数为 1。以符号 Diwei 表示股权投资者地位异质性。

3. 股权投资者国别异质性

股权投资者国别异质性指的是伴随着风险投资的国际化，越来越多的国际股权资本参与到新兴经济体的创业创新活动中。中国、印度和越南等发展中国家目睹了大量国际风险资本（IVC）投资（Chemmanur 等，2016）。

从理论上来说，股权投资者国别异质性应按不同国家来源的风险资本计算其差异化程度，但从采样样本的国际资本来源看，主要是美国风险投资家。因此，本研究就没有细化不同国别，而是采取本土股权投资者和外国股权投资者二分法，以股权投资者是否有外资背景的二元变量测量投资者的国别，是取 1，否取 0，然后根据 0 和 1 的占比计算国别异质性。

$$\text{NationHetero} = 1 - \sum p_i^2 \qquad (4\text{-}4)$$

其中，p_i是 0 和 1 所占的比例。

本研究以符号 For 表示股权投资者国别异质性。

4. 股权投资者认知异质性

融资决策是复杂心理过程的结果，尽管某些决策在当时看似合理，但它们并不能全部带来有利的结果。股权投资者认知异质性是指投资者认知特征和认知模式的差异。投资者在做决策时很大程度上依赖于他们以前的经验和先前的投资，同时又专注于对企业家性格的直觉。本研究用投资者的投资经历作为认知的代理变量投资者的投资经历 = 各个投资者投资时的时间 - 投资者成立的时间，将股权投资者的投资经历的变异系数作为衡量认知异质性的指标，公式如下：

$$\text{CognitionHetero}=\frac{\sqrt{E(\text{experience}_i - E(\text{experience}))^2}}{E(\text{experience})} \qquad (4\text{-}5)$$

其中，experience_i 代表第 i 个股权投资者的投资经历，$E(\text{experience})$ 代表投资者经历均值。

本书以符号 Con 表示股权投资者认知异质性。

5. 股权投资者女性偏见异质性

许多偏见均源于根深蒂固的信念或人格方面。严格说来，认知偏差是由错误推理导致的，可以说，每个偏见都有一个认知成分。但是，许多文化偏见，例如性别歧视或种族主义，是由于无条件地接受了某些信仰，而不是心理推理所致。性别是指具有与男性或女性有关的特征的个体状态。在投资领域，一直是男性占主导，对女性的偏见根深蒂固。股权投资者女性偏见异质性是指对待女性在创业投资领域发展所持有的认知偏见的差异，其结果就是女性在创业投资机构中所面临的性别歧视，导致其在管理团队所占比例的差别。

对股权投资者女性偏见异质性的测量采取以下两种办法。

第一种测量方法是先按管理团队是否有女性的二元变量，有取 1，无取 0，然后根据 0 和 1 的占比计算女性高管差异性。

$$\text{FemaleHetero} = 1 - \sum p_i^2 \tag{4-6}$$

其中，p_i 是 0 和 1 所占的比例。

第二种测量方法是计算女性高管所占比例的差异程度。

$$\text{FemalenHetero} = \frac{\sqrt{E(\text{Female}_i \text{-} E(\text{Female}))^2}}{E(\text{Female})}$$

其中，Female_i 代表第 i 个股权投资者女性高管所占比例，$E(\text{experience})$ 代表女性高管所占比例均值。

本研究采取的是第二种测量方法，以 Female 表示股权投资者女性偏见异质性。

4.2.3 调节变量和中介变量

1. 调节变量

本研究将城市创业生态系统作为调节变量。创业生态系统决定了区域创业绩效的参与者，角色和环境之间的相互作用。关于创业生态系统的大多数文献集中在区域和国家生态系统，缺乏研究城市创业生态系统的相关文献。

由于是首次将城市创业生态系统作为环境因素纳入股权投资者与初创企业绩效之间关系的研究，为分析其调节作用，将城市创业生态系统作为了哑变量。

根据创业生态系统的定义，其最终的产出是企业家及其创建的初创企业，因此，对于创业型产出非常明显的城市我们将其定义为强创业生态系统。依据 Startup Genome 全球创业生态系统报告 2020 和 Startup Blink 全球生态系统报告 2020 中关于中国城市创业生态系统的排名，本研究将样本中北京、上海、深圳、杭州、广州、南京、成都和厦门八个城市作为强创业生态系统组，其余城市为弱创业生态系统组，调节变量为是否在强生态系统组的二元变量 Bshsncgx。若在这八个城市之列,Bshsncgx 取值为 1,其余为 0。

2. 中介变量

初创企业的融资活动是一个复杂的过程，不同类型的股权投资者的参与，形成了投资者与企业家的委托—代理关系以及不同的投资者之间的委托—委托关系。因此，从本质上看，不同类型的股权投资者是通过监督治理和认知治理对初创企业的绩效产生最终影响。本研究对初创企业治理的中介测量主要选择了董事长和 CEO 两职合一、创业机构在初创企业董事会所占的席位、董事会的规模和创业团队规模四个指标。

（1）董事长和 CEO 两职合一。

企业董事长和首席执行官由一个人同时担任的做法，称之为两职合一。Krause 等（2014）认为，具有多个所有者的私人创业企业受代理问题的可能性较小，他们的董事会成员通常是所有者，股东不必担心 CEO 的利益是否与他们的利益发生冲突，因为 CEO 通常是最大的股东，如果不是，则董事会有能力处理利益冲突。初创企业的资金来源可能会直接影响企业的领导结构选择。众所周知，风险资本家会积极参与初创企业的公司治理。风险资本家很可能会选择能够提供最大控制权的董事会领导结构。因此，初创企业的两职合一会受到股权投资者的影响，可以将其作为股权投资者异质性对初创企业绩效影响的中介变量。本研究以符号 Dual 表示董事长和 CEO 两职合一。

（2）创业机构在初创企业董事会所占的席位。

如前所述，董事会决定是否进行退出交易。因此，在投资初创企业时，作为投资条件，创投机构会要求在董事会中占有席位。投资各方会协商董事会投票协议，法定协议规定了董事会席位一般分配给普通股股东代表、风险投资者代表和独立董事。独立董事由共同股东和风险投资者共同任命，一般是行业专家或具有宝贵经验的其他外部人士。

因此，董事会席位会受到股权投资者的影响，可以将创投机构在董事会中所占的席位数作为股权投资者异质性对初创企业绩效影响的中介变量。本研究以符号 BoardSeat 表示创业机构在初创企业董事会所占的席位。

（3）董事会的规模。

董事会规模用董事会成员的数量来衡量。董事会规模处于合理范围时，董事会成员之间的能力互补，可以提升整个董事会的治理水平。

随着初创企业新的融资轮次投资者的介入，董事会规模会越来越大，Balachandran 等（2019）研究发现瑞典创业企业董事会的典型规模为 3 至 4 个董事（未含创始人），样本企业董事会（含创始人）的平均规模为 4.66 个董事，研究结论基本一致。

不同的股权投资者对于控制权诉求不同。一般而言，风险投资者对于加入董事会比其他类型投资者更为积极。因此，股权投资者的异质性会影响董事会规模，可以将初创企业董事会规模作为股权投资者异质性对初创企业绩效影响的中介变量。本研究以符号 BoardSize 表示初创企业董事会规模。

（4）创业团队规模。

对于创业团队，本研究选择创业团队规模指标是因为它简约地代表了创业团队的结构和组成背景，从根本上而言，团队中的可用资源取决于团队中有多少人。

初创企业的创业团队在规模上一般比较小，经常仅包括两三名成员。创业团队的建立是在一个基本前提下进行的，即团队成员通过自身的资源（知识、技能或人际关系）帮助公司实现绩效指标。

引入风投，会对创始团队的配置产生影响，进而影响创业团队的规模和初创企业绩效。因此，可以将创业团队规模作为股权投资者异质性对初创企业绩效影响的中介变量。本研究以符号 TeamSize 表示创业团队规模。

4.2.4 控制变量

本研究重点考虑初创企业股权投资者异质性对初创企业绩效的影响。因此，选取的控制变量主要有三个：融资机构成立时间、投资阶段和初创企业所在行业（张学勇和廖理，2011）。

1. 融资机构成立时间

已有研究表明，投资机构成立时间长短会影响初创企业绩效。成立时间较长的投资机构，可能在业内已具备良好声誉和投资经验。因此，基金存续期内比较有耐心等待最佳退出时机，并选择最优退出方式。

我国风险投资行业普遍起步时间短。因此，在选择退出方式上，风险投资人明显偏向于 IPO 退出方式，这与 IPO 带来的声誉激励相关。

投资者选择成功的投资很大程度上依赖于技能和能力，例如筛选、谈判和监督。这些技能和能力会随着时间的积累而逐渐增加，这会对创业绩效产生正向作用。因此，本研究选择机构成立时间来衡量融资机构的特征，记为 Time。

2. 投资轮数

典型的初创企业通过其发展分阶段获得外部融资。根据第三章初创企业融资阶段理论部分的分析，收集的数据是将早期阶段融资轮次分为 pre-A（种子轮）、VC-A 轮、VC-B 轮、VC-C 轮和 VC-D 轮。本研究将 pre-A（种子轮）和 VC-A 轮归并，一共分为四个阶段：pre-A（种子轮）和

VC-A 轮赋值为 1，VC-B 轮、VC-C 轮和 VC-D 轮分别赋值 2、3、4，以投资轮次来衡量初创企业和投资机构特征，记为 Lun。

3. 初创企业所处行业

本研究以符号 Ind 表示初创企业所处行业，将其作为初创企业特征变量加以控制。附录中附表 2 列出了 824 家初创企业所在行业，按 1—99 编码，并将其与附表 1 中 OECD 界定的高新技术初创企业对比。样本中高新技术行业占比很大。

本书主要变量名称、变量符号和变量定义如表 4.1 所示。

表 4.1 变量名称、变量符号和变量定义说明

变量		变量名称	变量符号	变量定义
因变量	初创企业退出绩效	首次公开募集	IPO	虚拟变量；IPO 上市的初创企业取值为 1，否则为 0
		并购	Binggou	虚拟变量；并购的初创企业取值为 1，否则为 0
	生存绩效	并购	Tingye	虚拟变量；停业的初创企业取值为 1，否则为 0
自变量	股权投资者异质性	类型异质性	Invest_hhi	股权投资者类型的差异化程度
		地位异质性	Diwei	共同投资的股权投资者在网络所处位置的差异化程度
		国别异质性	For	股权投资者本土和国外的差异化程度
		认知异质性	Con	股权投资者认知的差异化程度
		女性偏见异质性	Female	股权投资者女性高管比例的差异化程度
调节变量	城市创业生态系统	强创业生态系统	Bshsncgx	虚拟变量；在北京、上海、深圳、杭州、南京、广州、成都、厦门的初创企业取值为 1，否则为 0
中介变量	初创企业公司治理	两职合一	Duali	虚拟变量；董事长和总经理两职合一的初创企业取值为 1；董事长和总经理两职分离取值为 0

续表

变量		变量名称	变量符号	变量定义
中介变量	初创企业公司治理	董事会席位	BoardSeat	创投机构在创业董事会所占的席位数
		董事会规模	BoardSize	初创企业董事会的人员总数
		创业团队规模	TeamSize	初创企业核心团队人员总数
控制变量	融资机构	成立时间	Time	创投机构成立的年份
	初创企业	融资轮次	Lun	初创企业融资时所处的融资阶段
		行业	Ind	初创企业所处的行业

4.3 实证模型

4.3.1 股权投资者异质性对初创企业绩效的直接影响效应

因为初创企业绩效是用二分变量测量，对于二分因变量一般根据逻辑回归模型进行估计，其模型为：

$$Y' = \alpha + \beta X + \varepsilon \tag{4-7}$$

$$Y' = \text{Logit}\, P(Y=1|X) = \ln \frac{P(Y=1|X)}{P(Y=0|X)} \tag{4-8}$$

在公式（4-7）中，Y'表示初创企业绩效二分值为 1 的概率的对数函数形式，X代表自变量（包含控制变量在内）。其模型的基本思想，可以通过β系数的估计显示自变量的影响效应，但实证分析中，为了便于解释回归结果，一般让 Stata 程序汇报概率比而非系数。公式（4-8）代表了初创企业绩效二分值为 1 的概率的具体对数函数形式。

根据逻辑回归的基本思想，本研究构建如下实证模型：

（1）股权投资者异质性对于退出指标的影响。

$$\begin{aligned} \text{IPO}_i = {} & \alpha + \beta_1 \text{Con}_i + \beta_2 \text{Invest\_hhi}_i + \beta_3 \text{Diwei}_i + \beta_4 \text{For}_i + \beta_5 \text{Female}_i \\ & + \beta_6 \text{Time}_i + \beta_7 \text{Lun}_i + \beta_8 \text{Ind}_i + \varepsilon_i \end{aligned} \tag{4-9}$$

其中，i 代表初创企业，因变量为初创企业 IPO 绩效，自变量是初创企业股权投资者异质性的五个维度变量，其余是控制变量。

$$\begin{aligned}\text{Binggou}_i = \alpha + \beta_1\text{Con}_i + \beta_2\text{Invest\_hhi}_i + \beta_3\text{Diwei}_i + \beta_4\text{For}_i \\ + \beta_5\text{Female}_i + \beta_6\text{Time}_i + \beta_7\text{Lun}_i + \beta_8\text{Ind}_i + \varepsilon_i\end{aligned} \quad (4\text{-}10)$$

对于公式（4-10）的解释，除了因变量替换成 Binggou 外，其余和公式（4-9）相同。

（2）股权投资者异质性对于停业指标的影响。

$$\begin{aligned}\text{Tingye}_i = \alpha + \beta_1\text{Con}_i + \beta_2\text{Invest\_hhi}_i + \beta_3\text{Diwei}_i + \beta_4\text{For}_i \\ + \beta_5\text{Female}_i + \beta_6\text{Time}_i + \beta_7\text{Lun}_i + \beta_8\text{Ind}_i + \varepsilon_i\end{aligned} \quad (4\text{-}11)$$

4.3.2　公司治理的中介效应

在实证分析中，中介效应的理论和应用研究备受关注，一般自变量 (X)、中介变量 (M) 和因变量 (Y) 之间的关系如图 4.1（a）和图 4.1（b）所示。

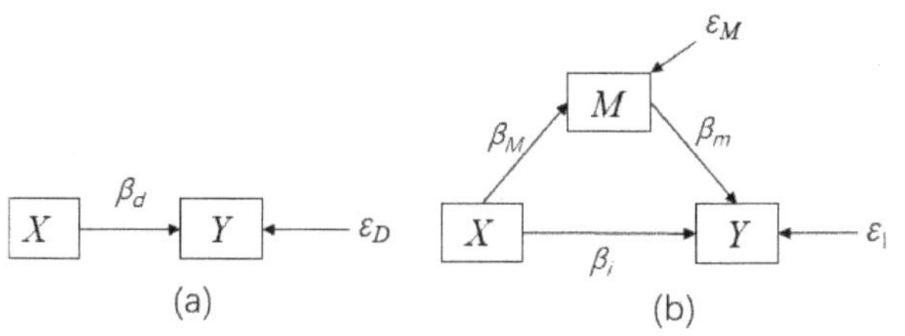

图 4.1　中介模型图示

对于图 4.1 所示的中介效应模型，针对二分因变量 (Y) 建立 Logistic 回归方程式：

$$Y' = \alpha_1 + \beta_d X + \varepsilon_D \quad (4\text{-}12)$$

$$Y'' = \alpha_2 + \beta_i X + \beta_m M + \varepsilon_I \quad (4\text{-}13)$$

$$M = \alpha_3 + \beta_M X + \varepsilon_M \quad (4\text{-}14)$$

$$Y' = \text{Logit}\,P(Y=1 \mid X) = \ln\frac{P(Y=1 \mid X)}{P(Y=0 \mid X)} \quad (4\text{-}15)$$

$$Y'' = \text{Logit}\,P(Y=1|M,X) = \ln\frac{P(Y=1|M,X)}{P(Y=0|M,X)} \quad (4\text{-}16)$$

在因变量（Y）是连续变量的中介模型中，中介效应大小等于 $\beta_M * \beta_m$ 或者 $\beta_d - \beta_i$。在 Logistic 回归中介模型中，由于 β_m 回归系数与 β_M 系数回归的模型不在同一标准模型下，此时中介效应大小不等于 $\beta_M * \beta_m$。方程（4-12）和（4-13）中因变量取值的条件概率不是受同一组自变量的影响，回归系数 β_d 与 β_i 的衡量尺度也不相同。因此，不能直接相减计算中介效应大小，可以通过标准化转换实现回归系数的相同衡量尺度（刘红云等，2013）。

因此，根据以上因变量为二分变量的中介效应模型的思想和方法，我们构建公司治理的中介效应的实证模型如下。

第一步，股权投资者异质性变量对公司治理变量的 OLS 回归模型

$$\begin{aligned}\text{Dual}_i = {} & \alpha + \beta_1\text{Con}_i + \beta_2\text{Invest\_hhi}_i + \beta_3\text{Diwei}_i + \beta_4\text{For}_i + \beta_5\text{Female}_i \\ & + \beta_6\text{Time}_i + \beta_7\text{Lun}_i + \beta_8\text{Ind}_i + \varepsilon_i\end{aligned} \quad (4\text{-}17)$$

在公式（4-17）中，因变量 Duali 是董事长和总经理的两职合一变量，自变量是股权投资者异质性的五个维度变量，其余是控制变量。

$$\begin{aligned}\text{BoardSeat}_i = {} & \alpha+\beta_1\text{Con}_i+\beta_2\text{Invest\_hhi}_i+\beta_3\text{Diwei}_i+\beta_4\text{For}_i+\beta_5\text{Female}_i+\beta_6\text{Time}_i \\ & +\beta_7\text{Lun}_i+\beta_8\text{Ind}_i+\varepsilon_i\end{aligned} \quad (4\text{-}18)$$

在公式（4-18）中，因变量 BoardSeati 是创业投资机构在初创企业董事会中所占席位数，自变量是股权投资者异质性的五个维度变量，其余是控制变量。

$$\begin{aligned}\text{BoardSize}_i = {} & \alpha+\beta_1\text{Con}_i+\beta_2\text{Invest\_hhi}_i+\beta_3\text{Diwei}_i+\beta_4\text{For}_i+\beta_5\text{Female}_i+\beta_6\text{Time}_i \\ & +\beta_7\text{Lun}_i+\beta_8\text{Ind}_i+\varepsilon_i\end{aligned} \quad (4\text{-}19)$$

在公式（4-19）中，因变量 BoardSizei 是初创企业董事会规模大小，自变量是股权投资者异质性的五个维度变量，其余是控制变量。

$$\text{TeamSize}_i = \alpha+\beta_1\text{Con}_i+\beta_2\text{Invest\_hhi}_i+\beta_3\text{Diwei}_i+\beta_4\text{For}_i+\beta_5\text{Female}_i+\beta_6\text{Time}_i+\beta_7\text{Lun}_i+\beta_8\text{Ind}_i+\varepsilon_i \quad (4\text{-}20)$$

在公式（4-20）中，因变量 TeamSize_i 是创业团队规模大小，自变量是股权投资者异质性的五个维度变量，其余是控制变量。

第二步，公司治理变量对初创企业绩效的逻辑回归模型

$$\text{IPO}_i=\alpha+\beta_1\text{Dual}_i+\beta_2\text{BoardSeat}_i+\beta_3\text{BoardSize}_i+\beta_4\text{TeamSize}_i+\beta_5\text{Time}_i+\beta_6\text{Lun}_i+\beta_7\text{Ind}_i+\varepsilon_i \quad (4\text{-}21)$$

在公式（4-21）中，因变量为初创企业 IPO，自变量是公司治理的四个变量，其余是控制变量。

$$\text{Binggou}_i=\alpha+\beta_1\text{Dual}_i+\beta_2\text{BoardSeat}_i+\beta_3\text{BoardSize}_i+\beta_4\text{TeamSize}_i+\beta_5\text{Time}_i+\beta_6\text{Lun}_i+\beta_7\text{Ind}_i+\varepsilon_i \quad (4\text{-}22)$$

在公式（4-22）中，因变量为初创企业并购，自变量是公司治理的四个变量，其余是控制变量。

$$\text{Tingye}_i=\alpha+\beta_1\text{Dual}_i+\beta_2\text{BoardSeat}_i+\beta_3\text{BoardSize}_i+\beta_4\text{TeamSize}_i+\beta_5\text{Time}_i+\beta_6\text{Lun}_i+\beta_7\text{Ind}_i+\varepsilon_i \quad (4\text{-}23)$$

在公式（4-23）中，因变量为初创企业停业，自变量是公司治理的四个变量，其余是控制变量。

第三步，在公司治理变量作为控制变量下，股权投资者异质性自变量对初创企业绩效因变量的逻辑回归模型

$$\text{IPO}_i=\alpha+\beta_1\text{Con}_i+\beta_2\text{Invest\_hhi}_i+\beta_3\text{Diwei}_i+\beta_4\text{For}_i+\beta_5\text{Female}_i+\beta_6\text{Dual}_i+\beta_7\text{BoardSeat}_i+\beta_8\text{BoardSize}_i+\beta_9\text{TeamSize}_i+\beta_{10}\text{Time}_i+\beta_{11}\text{Lun}_i+\beta_{12}\text{Ind}_i+\varepsilon_i \quad (4\text{-}24)$$

在公式（4-24）中，因变量为初创企业 IPO 绩效，自变量是股权投资者异质性五个维度变量，其余是公司治理变量和控制变量。

$$\text{Binggou}_i=\alpha+\beta_1\text{Con}_i+\beta_2\text{Invest\_hhi}_i+\beta_3\text{Diwei}_i+\beta_4\text{For}_i+\beta_5\text{Female}_i+\beta_6\text{Dual}_i+\beta_7\text{BoardSeat}_i+\beta_8\text{BoardSize}_i+\beta_9\text{TeamSize}_i+\beta_{10}\text{Time}_i+\beta_{11}\text{Lun}_i+\beta_{12}\text{Ind}_i+\varepsilon_i \quad (4\text{-}25)$$

在公式（4-25）中，因变量为初创企业并购绩效，自变量是股权投资者异质性五个维度变量，其余是公司治理变量和控制变量。

$$Tingye_i=\alpha+\beta_1 Con_i+\beta_2 Invest\_hhi_i+\beta_3 Diwei_i+\beta_4 For_i+\beta_5 Female_i+\beta_6 Dual_i+\beta_7 BoardSeat_i+\beta_8 BoardSize_i+\beta_9 TeamSize_i+\beta_{10} Time_i+\beta_{11} Lun_i+\beta_{12} Ind_i+\varepsilon_i \quad (4\text{-}26)$$

在公式（4-26）中，因变量为初创企业生存变量停业，自变量是股权投资者异质性五个维度变量，其余是公司治理变量和控制变量。

4.3.3 创业生态系统的调节效应

初创企业和股权投资者作为创业生态系统的参与者，两者相互作用关系会影响到其所处城市创业生态系统。本研究从两个方面考察创业生态系统的调节作用：一个方面是创业生态系统对股权投资者异质性五个维度直接影响效应的调节；另一个方面是创业生态系统对公司治理中介效应的调节。

城市创业生态系统可分为强创业生态系统组和弱创业生态系统组，其实证模型如下：

$$IPO_i=\alpha+\beta_1 Con_i+\beta_2 Invest\_hhi_i+\beta_3 Diwei_i+\beta_4 For_i+\beta_5 Female_i+\beta_6 bshsncgx_i+\beta_7 Con_i*bshsncgx_i+\beta_8 Invest\_hhi_i*Bshsncgx_i+\beta_9 Diwei_i*bshsncgx_i+\beta_{10} For_i*bshsncgx_i+\beta_{11} Female_i*bshsncgx_i+\beta_{12} Time_i+\beta_{13} Lun_i+\beta_{14} Ind_i+\varepsilon_i \quad (4\text{-}27)$$

在公式（4-27）中，因变量为初创企业 IPO 绩效，自变量是股权投资者异质性五个维度变量，调节变量是强创业生态系统组，以及五个维度和调节变量的交互项，其余是控制变量。

$$Binggou_i=\alpha+\beta_1 Con_i+\beta_2 Invest\_hhi_i+\beta_3 Diwei_i+\beta_4 For_i+\beta_5 Female_i+\beta_6 bshsncgx_i+\beta_7 Con_i*bshsncgx_i+\beta_8 Invest\_hhi_i*bshsncgx_i+\beta_9 Diwei_i*bshsncgx_i+\beta_{10} For_i*bshsncgx_i+\beta_{11} Female_i*bshsncgx_i+\beta_{12} Time_i+\beta_{13} Lun_i+\beta_{14} Ind_i+\varepsilon_i \quad (4\text{-}28)$$

在公式（4-28）中，因变量为初创企业并购绩效，自变量是股权投资者异质性五个维度变量，调节变量是强创业生态系统组，以及五个维度和调节变量的交互项，其余是控制变量。

$$Tingye_i=\alpha+\beta_1 Con_i+\beta_2 Invest\_hhi_i+\beta_3 Diwei_i+\beta_4 For_i+\beta_5 Female_i+\beta_6 bshsncgx_i+\beta_7 Con_i*bshsncgx_i+\beta_8 Invest\_hhi_i*bshsncgx_i+\beta_9 Diwei_i*bshsncgx_i+\beta_{10} For_i*bshsncgx_i+\beta_{11} Female_i*bshsncgx_i+\beta_{12} Time_i+\beta_{13} Lun_i+\beta_{14} Ind_i+\varepsilon_i \quad (4\text{-}29)$$

在公式（4-29）中，因变量为初创企业生存变量停业，自变量是股权投资者异质性五个维度变量，调节变量是强创业生态系统组，以及五个维度和调节变量的交互项，其余是控制变量。

4.4 样本描述性统计分析和相关性分析

在对实证模型进行检验之前，需首先对所有变量进行描述性统计和相关性分析。

4.4.1 样本描述性统计分析

表 4.2 给出了各个变量的描述性统计。数据显示，采样的样本值为 824 家初创企业，其中包括 99 个子行业，具体行业分布见附表 2。数据与附表 1 中 OECD 列出的重合度高，说明样本中绝大部分是高科技初创企业，符合对初创企业的定义。

根据描述性统计结果可以看出，初创企业成功退出的比例达到 28.9%，说明样本企业业绩较好。两职合一的比例也比较高，说明超过一半的企业选择控制权和经营权掌握在创业者手中，代理问题较轻。创投机构在董事会占有席位均值较低，创业团队规模均值超过董事会规模，这两个指标和国外实证的结果有差异，今后研究会进一步关注，查找原因。创投机构成立时间均值是 2008 年，说明大部分机构行业起步时间不长，符合实际。

综上所述，从描述性统计结果看，样本具有一定的代表性。

表 4.2　研究变量的描述性统计

变量	观测值	均值	标准差	最小值	最大值
Tingye	824	0.081	0.273	0	1
IPO	824	0.144	0.352	0	1
Binggou	824	0.15	0.358	0	1
Ipobinggou	824	0.289	0.453	0	1
Dual	824	0.589	0.492	0	1
BoardSeat	824	0.278	0.514	0	3
BoardSize	824	4.666	2.925	1	13
TeamSize	824	5.6	3.488	1	18
Con	824	5.2	4.3	0	8
Invest_hhi	824	0.126	0.219	0	0.667
Diwei	824	0.057	0.121	0	0.566
Female	824	0.235	0.2077	0	0.835
For	824	0.071	0.193	0	0.707
bshsncgx	824	0.761	0.427	0	1
Time	824	2008.308	5.518	1992	2016
Lun	824	1.718	0.834	1	4
Ind	824	59.284	26.321	1	99

4.4.2　样本相关性分析

表 4.3 给出了各个变量的相关系数。从中可以看出，各个变量的相关系数大多数在 0.3 以下，可以认为不存在多重共线性的问题。

表 4.3 变量相关系数表

变量	(1)	(2)	(3)	(4)	(5)	(6)	(7)	(8)	(9)	(10)	(11)	(12)	(13)	(14)	(15)	(16)
(1) IPO	1.000															
(2) Binggou	-0.125	1.000														
(3) Tingye	-0.122	-0.100	1.000													
(4) Con	-0.028	-0.014	-0.031	1.000												
(5) Invest_hhi	0.226	0.019	0.046	0.075	1.000											
(6) Diwei	0.252	-0.029	-0.003	0.045	0.310	1.000										
(7) Female2	-0.037	0.020	-0.025	-0.005	0.056	0.124	1.000									
(8) For	0.102	-0.000	-0.077	0.012	0.236	0.424	0.249	1.000								
(9) Bshsncgx	-0.029	0.045	0.011	-0.115	0.010	-0.019	0.057	0.097	1.000							
(10) Dual	0.007	-0.069	-0.040	0.037	-0.013	-0.032	-0.017	-0.014	0.011	1.000						
(11) BoardSeat	0.033	-0.082	0.003	-0.025	0.036	0.044	0.008	0.121	-0.007	0.054	1.000					
(12) BoardSize	0.141	-0.001	-0.179	-0.006	0.021	0.046	-0.030	0.073	-0.133	0.066	0.354	1.000				
(13) TeamSize	0.226	-0.012	-0.231	0.025	-0.015	0.055	-0.036	0.060	-0.173	0.063	0.197	0.864	1.000			
(14) Time	-0.138	-0.137	-0.191	-0.101	-0.228	-0.070	0.074	0.045	0.176	0.176	0.194	0.108	0.027	1.000		
(15) Lun	0.143	0.032	0.005	0.001	0.075	0.181	0.060	0.154	0.073	-0.072	-0.055	0.014	0.014	-0.118	1.000	
(16) Ind	-0.013	0.052	0.029	-0.109	-0.007	0.063	-0.028	0.058	0.151	-0.028	0.011	-0.102	-0.095	0.069	0.002	1.000

4.5 小结与评述

首先，本章说明了本研究的样本选择与数据来源。根据 GSM 对初创企业的认定标准，本研究将中国研究数据服务平台 CNRDS 下载的被投资企业数据依据此标准进行筛选，并对缺失值和数据库没有的数据进行手工收集补充，这个工作量非常耗时，手工收集数据的信息来源主要包括初创企业网站、股权投资机构网站、天眼查网站以及媒体关于初创企业相关的报道。在排除金融类初创企业，以及部分数据缺失过多的企业之后，最后得到的样本数是 824 家初创企业。

其次，本章结合拟讨论的具体研究问题，对因变量、自变量、中介变量、调节变量和控制变量的选择和定义及计算进行详细说明。

再次，本章介绍了实证分析主要使用的逻辑回归模型，并进一步对二分因变量的中介模型进行了详细讨论，罗列了实证过程中验证中介效应和调节效应所需要的全部计算方程。

最后，本章对研究所涉及的变量进行了描述性统计分析和相关性分析。描述性统计分析结果显示绩效指标、两职合一、董事会规模等变量与理论预期相符；创投机构董事会席位及创业团队规模与其他实证结论有微小差异，因此，样本具备一定的代表性。相关性分析结果显示：除了 4 个相关系数在 0.3 以上，其余各个变量的相关系数都在 0.3 以下，可以认为不存在多重共线性的问题。

第 5 章

实证分析

本章在股权投资者异质性与初创企业绩效之间关系的相关理论假设的基础上，利用收集整理数据的统计分析来检验所提出的理论假设，并对实证研究的结果进行讨论，即立足于解释股权投资者异质性与初创企业绩效之间的内在关系，旨在系统阐述本书的基本研究问题：股权投资者异质性如何影响初创企业治理和绩效。

5.1 股权投资者异质性对初创企业绩效的直接影响效应

股权投资者异质性对初创企业绩效的直接影响，本研究从其对初创企业退出的影响，以及对初创企业生存的影响这两方面进行论证。

5.1.1 股权投资者异质性对初创企业退出的影响

股权投资者退出的实证结果如表 5.1 所示。

表 5.1 退出绩效的逻辑回归结果

	DV：IPO			DV：并购		
	（1）	（2）	（3）	（4）	（5）	（6）
Con		−0.004*	−0.011		0.002**	−0.123***
		(−1.90)	(−0.91)		(2.12)	(−2.69)

续表

	DV：IPO			DV：并购		
	（1）	（2）	（3）	（4）	（5）	（6）
Invest_hhi		2.605***	5.404***		−0.639	1.685
		（4.43）	（3.66）		(−1.12)	（1.41）
Diwei		4.683***	8.563***		−1.962*	−22.797*
		（5.28）	（4.16）		(−1.76)	（−1.87）
Female		−3.245*	−8.512**		0.028	13.926**
		（−1.90）	（−2.43）		(0.64)	（2.56）
For		0.313	−0.153		0.083	19.041**
		（0.49）	（−0.11）		（0.14）	（2.11）
Bshsncgx			0.99			0.366
			（1.57）			（0.94）
Con*Bshsncgx			0.008			0.125***
			（0.66）			（2.75）
Invest_hhi*Bshsncgx			−3.471**			−3.184**
			（−2.20）			（−2.29）
Diwei*Bshsncgx			−4.476			21.904*
			（−1.92）			（1.79）
Female*Bshsncgx			6.293			−13.89**
			（1. 58）			（−2. 55）
For*Bshsncgx			0.695			−19.357**
			（0.43）			（−2.14）
Time	−0.061*** （−3.26）	−0.036 （−1.60）	−0.044** （−2.01）	−0.074*** （−3.98）	−0.082*** （−3.7）	−0.089*** （−3.98）
Lun	0.426*** （3.37）	0.445*** （3.34）	0.441* （3.18）	−0.055 （−0.43）	−0.026* （−0.20）	−0.017* （−0.12）
Ind	控制	控制	控制	控制	控制	控制
Constant	120.855***	69.066***	84.461***	146.997***	162.489***	177.528***
	（4.59）	（1.53）	（1.92）	（3.28）	（3.68）	（3.96）
观测值	664	664	664	652	652	652

注：*、** 和 *** 分别代表 10%、5% 和 1% 的水平上显著，括号内为 t 值。

1. IPO 退出的实证结果

表 5.1 中的模型(1)~模型(3)均为 IPO 退出的逻辑回归结果。模型(1)为只有控制变量的逻辑回归模型，可以看到三个控制变量：机构成立时间、投资轮数和行业的估计系数均在 1% 水平上显著。模型（2）是考量了五个维度投资者异质性的逻辑回归模型。模型（3）是考量了强城市创业生态系统的调节效应逻辑回归模型，其解释在后面调节效应部分呈现，这些模型只是因变量变成 IPO，其余原理相同。在这里，重点介绍模型（2）的回归结果。模型（2）中股权投资者类型异质性和股权投资者地位异质性前面的系数皆为正，并且在 1% 水平上显著；股权投资者认知异质性和股权投资者女性偏见异质性前面的系数都为负，并且都在 10% 水平上显著，说明这两个自变量对 IPO 没有影响。

以上结果表明，股权投资者类型异质性和股权投资者地位异质性对初创企业 IPO 退出正相关，支持了假设 H1-1 的观点“股权投资者类型异质性对初创企业 IPO 退出绩效有直接影响。股权投资者类型异质性程度越高，初创企业 IPO 退出的可能性越大”，和假设 H2-1 的观点“股权投资者地位异质性对初创企业 IPO 退出绩效有直接影响。股权投资者地位异质性程度越高，初创企业 IPO 退出的可能性越大”。

2. Binggou 退出的实证结果

表 5.1 中的模型（4）～模型（6）均为并购退出的回归结果。模型（4）为只有控制变量的逻辑回归模型，与模型（1）相似，可以看到两个控制变量：机构成立时间和行业的估计系数均在 1% 水平上显著。模型（5）是考量了五个维度投资者异质性的逻辑回归模型。模型（6）是考量了强城市创业生态系统的调节效应逻辑回归模型，其解释在后面调节效应部分呈现，这些模型只是因变量变成并购，其余原理相同。本文重点介绍模型（5）的回归结果。模型（5）中股权投资者认知异质性前面的系数为正，并且在 1% 水平上显著；股权投资者地位异质性前面的系数为负，并且在 10% 水平上显著。

以上结果表明，股权投资者认知异质性对初创企业并购退出正相关，支持了假设 H4-2 的观点“股权投资者认知异质性越大，初创企业并购的可能性越大”。股权投资者地位异质性对初创企业并购退出负相关，支持了假设 H2-2 的观点“股权投资者地位异质性程度越高，初创企业通过并购退出的可能性越小”。

5.1.2 股权投资者异质性对初创企业生存影响的验证

股权投资者认知的实证结果如表 5.2 所示。

表 5.2 停业的逻辑回归结果

	(7)	(8)	(9)
Con		−0.031*** (−2.81)	−0.098** (−1.96)
Invest_hhi		0.507 (0.72)	−2.046 (−1.23)
Diwei		1.746 (1.39)	4.183** (2.01)
Female		−0.023 (−0.61)	4.612 (1.17)
For		−2.846* (−1.70)	−2.809* (−1.68)
Bshsncgx			−0.586 (−1.20)
Con*Bshsncgx			0.071 (1.40)
Invest_hhi*Bshsncgx			3.205* (1.74)
Diwei*Bshsncgx			−3.092 (−1.13)
Female*Bshsncgx			−4.638 (−1.18)
For*Bshsncgx			0

续表

	(7)	(8)	(9)
Time	−0.165*** （−5.27）	−0.186*** （−5.63）	−0.186*** （−5.63）
Lun	−0.25 （−1.41）	−0.071 （−0.39）	−0.071 （−0.39）
Ind	控制	控制	控制
Constant	330.873*** （5.27）	372.095*** （5.62）	372.095*** （5.62）
观测值	502	502	502

注：*、** 和 *** 分别代表 10%、5% 和 1% 的水平上显著，括号内为 t 值。

表 5.2 中的模型（7）～模型（9）均为停业失败的逻辑回归结果。模型（7）是只有控制变量的逻辑回归模型，与模型（1）和模型（4）相似，可以看到二个控制变量：机构成立时间和行业的估计系数均在 1% 水平上显著。模型（8）是考量了五个维度投资者异质性的逻辑回归模型。模型（9）是考量了强城市创业生态系统的调节效应逻辑回归模型，其解释在后面调节效应部分呈现，这些模型只是因变量变成 Tingye，其余原理相同。在这里，重点介绍模型（8）的逻辑回归结果。模型（8）中股权投资者认知异质性前面的系数为负，并且在 1% 水平上显著。股权投资者国别异质性前面的系数为负，并且在 10% 水平上显著。这表明股权投资者认知异质性和股权投资者国别异质性对初创企业停业负相关，说明企业生存可能性更大。

以上结果支持了假设 H3-3 的观点“股权投资者国别异质性程度越高，初创企业停业的可能性越小”；支持了假设 H4-3 的观点“股权投资者认知异质性程度越高，初创企业停业的可能性越小”。

5.2 初创企业公司治理的中介效应

对于初创企业公司治理的中介效应验证，通常按常规的三步法验证，实证结果按三小节逐一呈现。

5.2.1 股权投资者异质性对公司治理的影响

表 5.3 是股权投资者异质性五个维度的自变量对公司治理四个因变量的多元回归模型结果汇总表。

1. 两职合一的实证结果

模型（10）～模型（12）是两职合一的多元回归结果。模型（10）是只有控制变量的多元回归，可以看到机构成立时间和行业的估计系数均在 1% 水平上显著。模型（11）是考量了五个维度投资者异质性的多元回归模型。模型(12)是考量了强城市创业生态系统的调节效应多元回归模型，其解释在后面调节效应部分呈现。

在此，主要分析模型（11）的多元回归结果。模型（11）中股权投资者类型异质性前面的系数为正号，并且在 5% 水平上显著。股权投资者认知异质性前面的系数为正,是正向关系,但不显著。股权投资者国别异质性、女性偏见异质性和地位异质性前面的系数都为负，是负向关系，都不显著。

综上所述，实证结果部分支持了假设 H6-1 的观点“股权投资者类型异质性和认知异质性越大，CEO 两职合一的可能性越大。”

2. 创投机构董事会席位的实证结果

模型（13）～模型（15）是两职合一的多元回归结果。模型（13）是只有控制变量的多元回归，可以看到机构成立时间和行业的估计系数均在 1% 水平上显著。模型（14）是考量了五个维度投资者异质性的多元回归模型。模型(15)是考量了强城市创业生态系统调节效应的多元回归模型，其解释在后面调节效应部分呈现。

在这里，主要分析模型（14）的多元回归结果。模型（14）中股权投资者国别异质性前面的系数为正，并且在 1% 水平上显著；股权投资者类型异质性前面的系数为正，并且在 5% 水平上显著。这表明股权投资者国别异质性和股权投资者类型异质性与创投机构董事会席位正相关。

表 5.3　股权投资者异质性对公司治理的多元回归结果

	DV：Dual			DV：BoardSeat			DV：BoardSize			DV：TeamSize		
	（10）	（11）	（12）	（13）	（14）	（15）	（16）	（17）	（18）	（19）	（20）	（21）
Con		0 （1.03）	0*** (4.39)		0 (−0.57)	0 (−0.98)		0 (−0.53)	−0.001*** (−3.81)		−0.001 (−1.18)	−0.001*** (−3.02)
Invest_hhi		0.22** （2.40）	0.35 （1.77）		0.224** （2.37）	0.223 （3.66）		0.573 (1.04)	0.484 （0.39）		−0.317 (−0.46)	−1.821 （−1.12）
Diwei		−0.119 （−0.71）	0.683*** （3.08）		−0.013 （−0.07）	0.641 （1.56）		0. 417 (0.42)	6.675*** （3.48）		1.398 (1.11)	15.609*** （3. 73）
Female		−0.005 （−0.64）	−1.275** （−2.14）		−0.009 （−1.08）	0.757 （1.10）		−0.061 (−1.22)	1.782 （0.51）		−0.051 (−0.80)	−8.259* （−1.87）
For		−0.078 （−0.76）	0.064 （0.25）		0.373*** （3.52）	−0.184 （−0.54）		1.075* （1.75）	2.249 （1.34）		1.344* （1.73）	2.615 （1.49）
Bshsncgx			−0.004 （−0.07）			−0.027 （−0.42）			−0.036 （−3. 81）			−0.103 （−0. 24）
Con*Bshsncgx			−0.001*** （−2.93）			0 （−0.05）			0.002** （2.10）			0.001 （0.32）
Invest_hhi*Bshsncg x			−0.108 （−0.50）			0.004 （0. 02）			0.541 （0.39）			2.815 （1.51）
Diwei*Bshsncgx			−1.04*** （−3.29）			−0.925** （−2.08）			−9.387*** （−4.17）			−19.947*** （−4.40）
Female*Bshsncgx			1.271** （2.13）			−0.767 （−1. 11）			−1.821 （−0. 52）			8.241* （1. 86）
For*Bshsncgx			−0.097 （−0.34）			0.669* （1.85）			2.249 （1. 34）			−1.21 （−0. 61）
Time	0.016*** （4.57）	0.018*** （4.99）	−0.018*** （4.56）	0.022*** （5.94）	0.024*** （6.42）	0.024** （5.38）	0.115*** （5.33）	0.122*** （5.56）	0.118*** （5.48）	0.08*** （2.95）	0.081*** （2.93）	0.073*** （2.70）
Lun	−0.031 （−1.49）	−0.028 （−1.33）	−0.029* （−1.29）	−0.018 （−0.82）	−0.031 （−1.40）	−0.036* （−1.71）	0.312 （1.06）	0.092 （0.72）	0.061 （0.45）	0.224 （1.42）	0.165 （1.03）	0.122 （0.70）
Ind	控制	控制	控制	控制	控制	控制	控制	控制	控制	控制	控制	控制
Constant	−32.267*** （−4. 47）	−36.205*** （−4. 90）	−35.438*** （−4.49）	−44.57*** （−5. 93）	−48.8*** （−6. 41）	−47.983*** （1.92）	−223.353*** （−5.19）	−239.399*** （−5.42）	−230.682*** （−5.37）	−151. 564*** （−2.79）	−154.454*** （-2.77）	−139.809*** （-2.57）
观测值	824	824	824	824	824	824	824	824	824	824	824	824

注：*、** 和 *** 分别代表 10%、5% 和 1% 的水平上显著，括号内为 t 值。

综上所述，实证结果支持了假设 H7-1 的观点“股权投资者类型异质性程度越高，机构投资者在初创企业董事会的席位越多”和假设 H7-2 的观点“股权投资者国别异质性程度越高，机构投资者在初创企业董事会的席位越多。”

3. 董事会规模的实证结果

模型（16）～模型（18）是董事会规模的多元回归结果。模型（16）是只有控制变量的多元回归，可以看到机构成立时间和行业的估计系数均在 5% 水平上显著。模型（17）是考量了五个维度投资者异质性的多元回归模型。模型（18）是考量了强城市创业生态系统的调节效应多元回归模型，其解释在后面调节效应部分呈现。

在此，主要分析模型（17）的多元回归结果。模型（17）中股权投资者国别异质性前面的系数为正，且在 10% 水平上显著。这表明股权投资者国别异质性与董事会规模正相关。

综上所述，实证结果支持了假设 H8-2 的观点“股权投资者国别异质性程度越高，初创企业董事会规模越大。”

4. 创业团队规模的实证结果

模型（19）～模型（21）是董事会规模的多元回归结果。模型（19）是只有控制变量的多元回归，可以看到机构成立时间和行业的估计系数均在 1% 水平上显著。模型（20）是考量了五个维度投资者异质性的多元回归模型。模型（21）是考量了强城市创业生态系统的调节效应多元回归模型，其解释在后面调节效应部分呈现。

在此，主要分析模型（20）的多元回归结果。模型（20）中股权投资者国别异质性前面的系数为正，且在 10% 水平上显著。这表明股权投资者国别异质性与创业团队规模正相关。

综上所述，实证结果未支持假设 H9 的观点，假设 H9 认为“股权投资者异质性的五个维度对创业团队规模没有直接的因果联系”。

5.2.2　公司治理对初创企业绩效的影响

1. 退出绩效

公司治理对初创企业退出绩效的影响如表 5.4 所示。

表 5.4　IPO 的逻辑回归结果

	（1）	(22)	(23)
Dual		−0.081 （−0.30）	1.564** （2.15）
BoardSeat		0.415 （1.62）	1.055** （2.09）
BoardSize		−0.248 （−1.32）	−0.022 （−0.21）
TeamSize		0.314** （1.97）	−0.002 （−0.03）
Bshsncgx			0.114 （0.12）
Dual* Bshsncgx			−1.973*** （−2.62）
BoardSeat*Bshsncgx			−0.476 （−0.78）
BoardSize*Bshsncgx			−0.794*** （−3.93）
TeamSize*Bshsncgx			0.818*** （5.05）
Time	−0.061*** （−3.26）	−0.061*** （−2.71）	−0.061** （−2.41）
Lun	0.426*** （3.37）	0.418*** （2.74）	0.533*** （3.53）
Ind			
Constant	120.855*** （4.59）	119.027*** （2.63）	118.243** （2.34）
观测值	664	664	664

注：*、** 和 *** 分别代表 10%、5% 和 1% 的水平上显著，括号内为 *t* 值。

表 5.4 中的模型（1）、模型（22）、模型（23）均为 IPO 退出的逻辑回归结果。模型（4）是只有控制变量的逻辑回归模型，可以看到三个控制变量：机构成立时间、轮数和行业的估计系数均在 1% 水平上显著。模型（22）是考量了公司治理四个变量的逻辑回归模型。模型（23）是考量了强城市

创业生态系统的调节效应逻辑回归模型，其解释在后面调节效应部分呈现。

本文重点介绍模型（22）的逻辑回归结果。模型（22）中创业团队规模的系数为正，并且在5%水平上显著。

因此，实证结果支持了假设H13的观点“创业团队规模对初创企业绩效产生正影响。”

表5.5　停业的逻辑回归结果

	（4）	（24）	(25)
Dual		−0.276 （−1.16）	−0.137 （−0.25）
BoardSeat		−0.583** （−2.57）	−1.511** （−2.39）
BoardSize		0.085 （1.07）	0.458** （2.17）
TeamSize		0.001 （0.02）	−0.278 （−1.61）
Bshsncgx			0.207 （0.30）
Dual* Bshsncgx			−0.148 （−0.24）
BoardSeat*Bshsncgx			1.089 （1.58）
BoardSize*Bshsncgx			−0.494** （−2.10）
TeamSize*Bshsncgx			0.37* （1.92）
Time	−0.074*** （−3.98）	−0.068*** （−2.76）	−0.069*** （−2.74）
Lun	−0.055 （−0.43）	−0.079 （−0.62）	−0.09 （−0.68）
Ind	控制	控制	控制
Constant	146.997*** （3.28）	135.394*** （ ）	136.062*** （2.71）
观测值	652	652	652

注：*、** 和 *** 分别代表10%、5%和1%的水平上显著，括号内为t值。

2. 生存绩效

公司治理对初创企业生存绩效的影响如表 5.6 所示。

表 5.6 IPO 的逻辑回归结果

	（7）	（26）	(27)
Dual		–0.151 （–0.46）	–1.361* （–1.86）
BoardSeat		0.984** （2.27）	1.561** （2.43）
BoardSize		0.099 （0.70）	–0.114 （–0.47）
TeamSize		–0.424*** （–3.98）	–0.222 （–1.20）
Bshsncgx		（）	–0.139 （–0.21）
Dual* Bshsncgx		（）	1.488* （1.81）
BoardSeat*Bshsncgx		（）	–0.853 （–1.16）
BoardSize*Bshsncgx		（）	0.354 （1.23）
TeamSize*Bshsncgx		（）	–0.361 （–1.58）
Time	–0.165*** （–5.27）	–0.183*** （–4.64）	–0.184*** （–4.71）
Lun	–0.25 （–1.41）	–0.222 （–1.21）	–0.286 （–1.50）
Ind			
Constant	330.873*** （5.27）	368.422*** （4.69）	371.742*** （4.75）
观测值	502	502	502

注：*、** 和 *** 分别代表 10%、5% 和 1% 的水平上显著，括号内为 t 值。

表 5.6 中的模型（7）、模型（26）、模型（27）均为停止的逻辑回归结果。模型（10）是只有控制变量的逻辑回归模型，可以看到两个控制变量：机构成立时间和行业的估计系数均在 1% 水平上显著。模型（26）是考量

了公司治理四个变量的逻辑回归模型。模型（27）是考量了强城市创业生态系统的调节效应逻辑回归模型，其解释在后面调节效应部分呈现。

本文重点介绍模型（26）的逻辑回归结果。模型（26）中创投机构董事会席位前面的系数为正，并且在 5% 水平上显著，因此，与停业正相关，与生存绩效负相关。创业团队规模前面的系数为负，并且在 1% 水平上显著，因此，与停业负相关，与生存绩效正相关。

综上所述，实证结果支持了假设 H13 的观点“创业团队规模对初创企业绩效产生正影响。”

5.2.3 股权投资者异质性对初创企业绩效的影响

1. 退出绩效

股权投资者异质性对初创企业退出绩效的影响如表 5.7 所示。

表 5.7 首次公开募股 IPO 的逻辑回归结果

（1）	(28)	(29)
Con	–0.003 （–1.58）	–0.063* （–1.74）
Invest_hhi	2.792*** （4.40）	7.531*** （3.60）
Diwei	4.335*** （3.88）	6.482*** （3.04）
Female	–1.822 （–0.99）	–0.95 （–0.25）
For	–0.18 （–0.24）	2.486 （0.80）
Dual	–0.26 （–0.86）	–0.305 （–0.98）
BoardSeat	0.322 （1.09）	0.524** （1.96）
BoardSize	–0.266 （–1.07）	–0.312* （–1.65）
TeamSize	0.334 （1.58）	0.408*** （2.75）
Bshsncgx		1.219* （1.67）

续表

	（1）	(28)	(29)
Con*Bshsncgx			0.061* （1.69）
Invest_hhi*Bshsncgx			−5.851*** （−2.76）
Diwei*Bshsncgx			−1.416 （−0.60）
Female*Bshsncgx			0.021 （0.00）
For*Bshsncgx			−2.592 （−0.82）
Time	−0.061*** （−3.26）	−0.033 （−1.23）	−0.048* （−1.79）
Lun	0.426*** （3.37）	0.423** （2.54）	0.443*** （2.75）
Ind			
Constant	120.855*** （4.59）	61.039*** （1.14）	90.15* （1.68）
观测值	664	664	664

注：*、** 和 *** 分别代表 10%、5% 和 1% 的水平上显著，括号内为 *t* 值。

表 5.7 中的模型（4）、模型（28）、模型（29）均为 IPO 的逻辑回归结果。模型（1）是只有控制变量的逻辑回归模型，可以看到三个控制变量：机构成立时间、轮数和行业的估计系数均在 1% 水平上显著。模型（28）是把公司治理变量作为控制变量，投资者异质性作为自变量的逻辑回归模型。模型（29）是考虑了强城市创业生态系统调节效应的逻辑回归模型，其解释在后面调节效应部分呈现。

本文重点介绍模型（28）的逻辑回归结果。模型（28）中公司治理变量都不显著；股权投资者类型异质性和股权投资者地位异质性前面的系数都为正，并且在 1% 水平上显著，但由于治理变量不显著，不满足中介变量的条件，因此，实证结果不支持假设 H14 的观点“公司治理发挥了中介作用。”

并购的逻辑回归结果如表 5.8 所示。

表 5.8 并购的逻辑回归结果

	（4）	(30)	(31)
Con		0.002** (2.01)	−0.139*** (−2.94)
Invest_hhi		−0.605 (−1.05)	2.132* (1.75)
Diwei		−1.923* (−1.66)	−25.75** (−1.97)
Female		0.03 (0.70)	15.892*** (2.67)
For		0.186 (0.29)	20.922** (2.23)
Dual		−0.224 (−0.93)	−0.224 (−0.91)
BoardSeat		−0.572** (−2.50)	−0.566** (−2.26)
BoardSize		0.085 (1.03)	0.044 (0.46)
TeamSize		0.002 (0.03)	0.067 (0.97)
Bshsncgx			0.422 (1.04)
Con*Bshsncgx			0.141*** (3.00)
Invest_hhi*Bshsncgx			−3.79*** (−2.73)
Diwei*Bshsncgx			25.142* (1.90)
Female*Bshsncgx			−15.855*** (−2.66)
For*Bshsncgx			−21.115** (−2.24)
Time	−0.074*** (−3.98)	−0.077*** (−3.10)	−0.09*** (−3.46)
Lun	−0.055 (−0.43)	−0.051 (−0.38)	−0.038 (−0.27)
Ind	控制		
Constant	146.997*** (3.28)	153.937*** (3.08)	178.919*** (3.43)
观测值	652	652	652

注：*、** 和 *** 分别代表 10%、5% 和 1% 的水平上显著，括号内为 t 值。

表 5.8 中的模型（4）、模型（30）、模型（31）均为并购的逻辑回归结果。模型（4）是只有控制变量的逻辑回归模型，可以看到两个控制变量：机构成立时间和行业的估计系数均在 1% 水平上显著。模型（30）是把公司治理变量作为控制变量，投资者异质性作为自变量的逻辑回归模型。模型（31）是考虑了强城市创业生态系统调节效应的逻辑回归模型，其解释在后面调节效应部分呈现。

本文重点介绍模型（30）的逻辑回归结果。模型（30）中创投机构董事会席位前面的系数为负，并且在 5% 水平上显著；股权投资者地位异质性前面的系数也是负，并且在 10% 水平上显著；股权投资者认知异质性前面的系数为正，并且在 5% 水平上显著。梳理这两个变量在前两步与创投机构董事会席位的关系，也未能满足中介效应的条件。因此，实证结果不支持假设 H14 的观点“公司治理发挥了中介作用。”

2. 生存绩效

股权投资者异质性对初创企业生存绩效的影响如表 5.9 所示。

表 5.9　停业的逻辑回归结果

（7）	(32)	（33）
Con	−0.029*** （−2.64）	−0.028 （−1.33）
Invest_hhi	0.26 （0.34）	−3.864** （−2.47）
Diwei	1.615 （1.08）	7.164*** （4.07）
Female	−0.028 （−0.64）	−3.732 （−0.95）
For	−3.125** （−1.98）	−3.358** （−2.20）
Dual	−0.305 （−0.90）	−0.163 （−0.47）
BoardSeat	0.878** （2.02）	0.778* （1.78）
BoardSize	0.157 （1.08）	0.198 （1.27）

续表

	(7)	(32)	(33)
TeamSize		−0.471*** (−4.19)	−0.542*** (−4.21)
Bshsncgx			−0.432 (−0.74)
Con*Bshsncgx			0.002 (0.10)
Invest_hhi*Bshsncgx			5.586*** (3.11)
Diwei*Bshsncgx			−7.689*** (−2.68)
Female*Bshsncgx			3.71 (0.94)
For*Bshsncgx			0
Time	−0.165*** (−5.27)	−0.203*** (−4.61)	−0.202*** (−4.39)
Lun	−0.25 (−1.41)	−0.105 (−0.53)	−0.062 (−0.29)
Ind	控制	控制	
Constant	330.873*** (5.27)	409.006*** (4.65)	407.367*** (4.42)
观测值	502	502	495

注：*、** 和 *** 分别代表 10%、5% 和 1% 的水平上显著，括号内为 t 值。

表 5.9 中的模型（7）、模型（32）、模型（33）均为停业的逻辑回归结果。模型（7）是只有控制变量的逻辑回归模型，可以看到两个控制变量：机构成立时间和行业的估计系数均在 1% 水平上显著。模型（32）是把公司治理变量作为控制变量，投资者异质性作为自变量的逻辑回归模型。模型（33）是考虑了强城市创业生态系统调节效应的逻辑回归模型，其解释在后面调节效应部分呈现。

本文重点介绍模型（32）的逻辑回归结果。模型（32）中创投机构董事会席位前面的系数为正，并且在 5% 水平上显著；创业团队的规模前面的系数是负，并且在 1% 水平上显著；股权投资者认知异质性前面的系数为负，并且在 1% 水平上显著；股权投资者国别异质性前面的系数也为负，并且在 5% 水平上显著。梳理这两个变量在前两步与创投机构董事会席位和创业团队规模的关系，股权投资者异质性与这两个变量满足中介作用的条件。因此，实证结果支持假设 H14 的观点“公司治理发挥了中介作用。”

对于中介效应的验证用结构方程更方便，Stata 程序中的命令是 gsem。本研究也用结构方程方法针对 Tingye 对两个中介变量进行了计算，结果见附表 4 和附表 5。

5.3 创业生态系统的调节效应分析

5.3.1 创业生态系统对股权投资者异质性与 IPO 退出关系的调节

在表 5.10 中，（34）栏是股权投资者异质性对 IPO 退出的逻辑回归系数，（35）栏是加入调节变量后，强创业生态系统股权投资者异质性和弱创业生态系统股权投资者异质性对 IPO 绩效的逻辑回归系数。本研究将其进行对比分析，可以很清楚看到强创业生态系统组和弱创业生态系统组对两者关系的不同影响。

1. 股权投资者类型异质性

在主效应模型中，股权投资者类型异质性与 IPO 退出之间是正相关关系，并且在 1% 的水平上显著。经强创业生态系统调节后，可以看到（35）栏弱创业生态系统中的股权投资者类型异质性对 IPO 绩效的逻辑回归系数为 5.404，并且在 1% 水平上显著；强创业生态系统中的股权投资者异质性对 IPO 绩效的逻辑回归系数为 –3.471，并且在 5% 的水平上显著，说明调节效应明显。由于系数是负，可以认为强创业生态的股权投资者类型异质性与 IPO 退出负相关。因此，实证结果支持假设 H15-1 的观点“强创业生态系统组对于股权投资者类型异质性与初创企业 IPO 退出之间的关系发挥了负向调节作用。”

表 5.10　股权投资者异质性对 IPO 退出影响的城市创业生态系统差异

	DV：IPO	
	（34）	（35）
Con	-0.004* (-1.90)	-0.011 (-0.91)
Con*Bshsncgx		0.008 （0.66）
Invest_hhi	2.605*** （4.43）	5.404*** （3.66）
Invest_hhi*Bshsncgx		-3.471** （-2.20）
Diwei	4.683*** （5.28）	8.563*** （4.16）
Diwei*Bshsncgx		-4.476 （-1.92）
Female	-3.245* （-1.90）	-8.512** （-2.43）
Female*Bshsncgx		6.293 （1. 58）
For	0.313 （0.49）	-0.153 （-0.11）
For*Bshsncgx		0.695 （0.43）
Bshsncgx	0.239 （0.73）	0.99 （1.57）
观测值	664	664

注：*、** 和 *** 分别代表 10%、5% 和 1% 的水平上显著，括号内为 t 值。

2. 股权投资者地位异质性

在主效应模型中，股权投资者地位异质性与 IPO 退出之间正相关，并且在 1% 的水平上显著。经强创业生态系统调节后，可以看到（35）栏弱创业生态系统中的股权投资者地位异质性对 IPO 退出的逻辑回归系数为 8.563，并且在 1% 水平上显著，强创业生态系统中的股权投资者异质性

创业生态系统中的股权投资者类型异质性对成功退出绩效的逻辑回归系数为 0.027，并且在 10% 水平上显著，说明调节作用存在，是正向调节。实证支持了 H18 假设的逻辑，即“强创业生态系统组对于股权投资者认知异质性与初创企业退出绩效之间的关系发挥了正向调节作用。”因此，结果稳健。

4. 验证公司治理的股权投资者异质性对成功退出绩效关系的中介作用

（1）股权投资者异质性对公司治理的影响。

此影响见表 5.3 股权投资者异质性对公司治理的多元回归结果。

（2）公司治理对成功退出绩效的影响。

表 5.15 中的模型（40）、模型（43）和模型（44）均为成功退出的逻辑回归结果。模型（40）为只有控制变量的逻辑回归模型，可以看出控制变量基本显著。模型（43）是公司治理变量对成功退出绩效的逻辑回归模型。模型（44）是将公司治理变量作为控制变量，投资者异质性对初创企业绩效的逻辑回归方程。

表 5.15　成功退出 Ipobinggou 的逻辑回归结果

	（40）	(43)	(44)
Con			0 （0.31）
Invest_hhi			1.001** （2.24）
Diwei			1.473* （1.77）
Female			−0.022 （−0.64）
For			−0.157 （−0.29）
Dual		−0.279 （−1.42）	−0.31 （−1.57）
BoardSeat		−0.046 （−0.23）	−0.115 （−0.55）

续表

	(40)	(43)	(44)
BoardSize		-0.112 (-1.15)	-0.13 (-1.17)
TeamSize		0.198** (2.48)	0.214*** (2.30)
Time	-0.081*** (-4.64)	-0.082*** (-4.16)	-0.069*** (-3.39)
Lun	0.229** (2. 30)	0.205* (1.94)	0.171 (1.59)
Ind			
Constant	159.956*** (4.59)	161.13*** (4.09)	135.336*** (3.32)
观测值	719	719	719

注：*、** 和 *** 分别代表 10%、5% 和 1% 的水平上显著，括号内为 t 值。

在模型（43）中，创业团队规模对成功退出绩效有正相关关系，这和 IPO 指标的结论一致，说明结果稳健。

（3）投资者异质性对成功退出绩效的影响。

表 5.15 中的模型（44），列出了投资者异质性对成功退出绩效影响的逻辑回归的结果。股权投资者类型异质性系数是 1.001，且在 5% 水平上显著，说明股权投资者类型异质性与成功退出正相关。股权投资者地位异质性系数是 1.473，且在 10% 水平上显著，也与成功退出正相关。

公司治理变量只有创业团队规模与成功退出绩效显著正相关，但创业团队规模与股权投资者类型异质性、股权投资者地位异质性并不相关。根据中介效应的判定标准，未满足中介效应的调节。因此，不满足公司治理中介效应的假设，这个结果与 IPO 和并购结果一致，说明结果稳健。

5.4.2 多元线性回归模型替代逻辑回归模型的验证

本研究将多元线性回归模型替代逻辑回归模型，进一步证实结果的稳健性。

表 5.16 是主效应、调节效应和中介效应的多元回归结果的汇总。模型（45）～模型（48）是对 IPO 的多元回归结果，模型（49）～模型（52）

是对并购的多元回归结果，模型（53）～模型（56）是对停业的多元回归结果。

1. 多元线性回归模型验证主效应

模型（45）、模型（49）和模型（53）对应的是主效应结果。实证结果发现：股权投资者类型异质性、地位异质性与 IPO 绩效正相关；认知性异质性、女性偏见异质性与 IPO 绩效负相关；股权投资者地位异质性与并购绩效负相关；国别异质性与停业负相关。以上结论基本上和逻辑回归结果一致，说明实证结果稳健。

2. 多元线性回归模型验证调节效应

模型（46）、模型（50）和模型（54）对应的是调节效应结果。实证发现：强创业生态系统组对股权投资者类型异质性、地位异质性与 IPO 绩效关系发挥负向调节作用，对女性偏见异质性与 IPO 绩效发挥正向调节作用；强创业生态系统组对股权投资者认知异质性与并购绩效关系发挥正向调节作用，对股权投资者类型异质性与并购绩效发挥负向调节作用；强创业生态系统组对股权投资者认知异质性与停业关系发挥负向调节作用。以上结论和实证研究的调节效应结果基本保持一致，结果稳健。

3. 多元线性回归模型验证中介效应

中介效应第一步结果见表 5.3，验证股权投资者异质性对公司治理的影响，模型（47）、模型（51）和模型（55）对应的是中介效应的第二步结果，模型（48）、模型（52）和模型（56）对应的是中介效应第三步的结果。验证发现：创投机构董事会席位是股权投资者国别异质性对停业影响的中介效应；创业团队规模是股权投资者国别异质性对停业影响的中介效应，中介结果稳健。

此外，结构方程方法亦验证了中介效应，结果见附表 4，和三步法结果一致。通过稳健性分析，检验了实证结果稳健。

表 5.16 初创企业绩效的多元回归结果

	DV: IPO			DV: Binggou						DV: Tingye		
	(45)	(46)	(47)	(48)	(49)	(50)	(51)	(52)	(53)	(54)	(55)	(56)
Con	0***	0***		0***	0	0		0	0**	0		0**
	(−3.60)	(−4.83)		(−3.36)	(1.40)	(−1.35)		(1.35)	(−2.33)	(0.04)		(−2.40)
Invest_hhi	0.288***	0.605***		0.286***	−0.094	0.126		−0.082	.001	−0.141		−0.014
	(3.76)	(3.31)		(3.83)	(−1.35)	(0.78)		(−1.19)	(0.02)	(−1.32)		(−0.23)
Diwei	0.566***	1.104***		0.616***	−0.218**	−0.595***		−0.25**	−0.014	0.026		−0.03
	(3.54)	(4.27)		(4.20)	(−2.02)	(−2.84)		(−2.24)	(−0.14)	(0.18)		(−0.31)
Female	−0.009***	−1.186**		−0.009***	0.003	0.778		0.003	−0.002	−0.17		−0.001
	(−2.95)	(−2.55)		(−2.59)	(0.33)	(1.10)		(0.37)	(−0.54)	(−0.63)		(−0.42)
For	0	−0.19		−0.042	0.038	0.256		0.057	−0.137***	−0.211**		−0.139***
	(0.00)	(−1.03)		(−0.48)	(0.57)	(1.07)		(0.82)	(−2.69)	(−2.11)		(−2.71)
Dual			0.004	−0.003			−0.033	−0.031			0.01	0.01
			(0.14)	(−0.12)			(−1.04)	(−0.98)			(0.45)	(0.43)
BoardSeat			0.058**	0.039			−0.077***	−0.073***			0.06**	0.07***
			(2.05)	(1.38)			(−3.18)	(−2.96)			(2.55)	(2.88)
BoardSize			−0.018**	−0.022***			0.023***	0.025***			0	0
			(−2.32)	(−2.85)			(2.70)	(2.90)			(−0.04)	(−0.02)
TeamSize			0.034***	0.037***			−0.014**	−0.015**			−0.016***	−0.016***
			(4.78)	(5.30)			(−2.10)	(−2.32)			(−3.37)	(−3.36)
Bshsncgx		0.054				0.057				−0.02		
		(1.58)				(1.32)				(−0.59)		
Con*Bshsncgx		0				0.001**				0**		
		(−0.66)				(2.39)				(−2.19)		
Invest_hhi*Bshsncgx		−0.387*				−0.294**				0.18		
		(−1.94)				(−1.66)				(1.48)		
Diwei*Bshsncgx		−0.625**				0.444				−0.031		
		(−1.97)				(1.76)				(−0.16)		
Female*Bshsncgx		1.176**				−0.775				0.168		
		(2.53)				(−1.09)				(0.62)		
For*Bshsncgx		0.264				−0.277				0.09		
		(1.28)				(−1.08)				(0.76)		
Time	−0.003	−0.004*	−0.008***	−0.004	−0.011***	−0.011***	−0.009***	−0.01***	−0.012***	−0.012***	−0.013***	−0.013***
	(−1.38)	(−1.71)	(−3.34)	(−1.59)	(−3.32)	(−3.38)	(−2.70)	(−3.03)	(−4.38)	(−4.28)	(−4.64)	(−4.56)
Lun	0.04**	0.04**	0.057***	0.043**	−0.005	−0.005	−0.014	−0.01	−0.011	−0.011	−0.015	−0.009
	(2.30)	(2.26)	(3.16)	(2.56)	(−0.29)	(−0.30)	(−0.82)	(−0.61)	(−0.93)	(−0.91)	(−1.34)	(−0.76)
Ind												
Constant	6.342	7.706*	16.646***	7.506	21.795***	22.39***	18.311***	21.087***	25.19***	24.811***	25.989***	26.867***
	(1.38)	(1.69)	(3.33)	(1.54)	(3.33)	(3.39)	(2.71)	(3.05)	(4.44)	(4.34)	(4.74)	(4.65)
观测值	824	824	824	824	824	824	824	824	824	824	824	824

续表

假设内容	验证结果
H11：机构投资者所占董事会席位对初创企业绩效产生正面影响	未支持
H12：董事会规模对初创企业绩效产生正影响	不支持
H13：创业团队规模对初创企业绩效产生正影响	支持
H14：公司治理发挥了中介作用	部分支持
H15-1：强创业生态系统组对于股权投资者类型异质性与初创企业 IPO 之间的关系发挥了负向调节作用	支持
H15-2：强创业生态系统组对于股权投资者类型异质性与初创企业并购之间的关系发挥了负向调节作用	支持
H16-1：强创业生态系统组对于股权投资者地位异质性与初创企业 IPO 之间的关系发挥了负向调节作用	不支持
H16-2：强创业生态系统组对于股权投资者地位异质性与初创企业并购之间的关系是正向调节	支持
H17-1：强创业生态系统组对于股权投资者国别异质性与初创企业 IPO 之间的关系发挥了正向调节作用	不支持
H17-2：强创业生态系统组对于股权投资者国别异质性与初创企业并购之间的关系发挥了负向调节作用	支持
H18-1：强创业生态系统组对于股权投资者认知异质性与初创企业 IPO 之间的关系发挥了正向调节作用	不支持
H18-2：强创业生态系统组对于股权投资者认知异质性与初创企业并购之间的关系发挥了正向调节作用	支持
H19-1：强创业生态系统组对于股权投资者女性偏见异质性与初创企业 IPO 之间的关系发挥了正向调节作用	不支持
H19-2：强创业生态系统组对于股权投资者女性偏见异质性与初创企业并购之间的关系发挥了正向调节作用	不支持
H20：强创业生态系统组对于股权投资者类型异质性与初创企业停业指标之间的关系发挥了正向调节作用。	支持
H21：强创业生态系统组对于股权投资者地位异质性与初创企业停业指标之间的关系发挥了正向调节作用	不支持
H22：强创业生态系统组对于股权投资者国别异质性与初创企业停业指标之间的关系发挥了负向调节作用	不支持
H23：强创业生态系统组对于股权投资者认知异质性与初创企业停业指标之间的关系发挥了负向调节作用	不支持
H24：强创业生态系统组对于股权投资者女性偏见异质性与初创企业停业指标之间的关系发挥了负向调节作用	不支持

具体而言，本书实证结果如下。

1. 股权投资者异质性对初创企业绩效的影响

实证结果显示：

（1）股权投资者类型异质性与初创企业 IPO 显著正相关；

（2）股权投资者网络地位异质性与初创企业 IPO 显著正相关，与初创企业并购退出显著负相关；

（3）股权投资者认知异质性与初创企业 IPO 显著负相关，与初创企业被并购显著正相关，与初创企业生存绩效显著正相关；

（4）国别投资者异质性与初创企业生存绩效显著正相关；

（5）女性偏见异质性与初创企业 IPO 显著负相关。

2. 公司治理对股权投资者异质性对初创企业绩效的中介效应

实证结果显示：

（1）创业团队规模对国别投资者异质性与生存绩效之间有显著的中介效应；

（2）创投机构董事会席位对国别投资者异质性与生存绩效之间有弱的中介效应。

3. 创业生态系统对股权投资者异质性对初创企业绩效的调节效应

实证结果显示：

（1）强创业生态系统组对股权投资者类型异质性与初创企业 IPO 之间有负向调节作用；

（2）强创业生态系统组对股权投资者认知异质性与初创企业并购之间有正向调节作用；对股权投资者地位异质性与初创企业并购之间有正向调节作用；对股权投资者类型异质性与初创企业并购之间有负向调节作用；对股权投资者国别异质性与初创企业并购之间有负向调节作用；对股权投资者女性偏见异质性与初创企业并购之间有负向调节作用；

（3）强创业生态系统组对股权投资者类型异质性与初创企业停业之间有正向调节作用。

[207] Wright, Mike. Venture Capital in China: A View from Europe[J]. Asia Pacific Journal of Management, 2007, 24 (3): 269-281.

[208] Wright, Mike, Lumpkin T, etal. The Evolving Entrepreneurial Finance Landscape[J]. Strategic Entrepreneurship Journal, 2016, 10 (3): 229-234.

[209] Yung C. Entrepreneurial Manipulation with Staged Financing[J]. Journal of Banking and Finance, 2019, 100(3):273-283.

[210] Zahra S A. Contextualizing Theory Building in Entrepreneurship Research[J]. Journal of Business Venturing, 2007, 22(3): 443-452.

[211] Zahra S A, Wright M.Entrepreneurship's next Act[J]. Academy of Management Perspectives, 2011, 25(4): 67-83.

[212] Zhelyazkov, Pavel I, Gulati R. After the Break-Up: The Relational and Reputational Consequences of Withdrawals from Venture Capital Syndicates[J]. Academy of Management Journal, 2016, 59 (1): 277-301.

[213] Zhelyazkov, Pavel I, Tatarynowicz A. Marriage of Unequals? Investment Quality Heterogeneity, Market Heat, and the Formation of Status-AsymmetricTies in the Venture Capital Industry[J]. Academy of Management JournalIn-Press, 2020: 1-60.

[214] Zimmerman, Monica A. The Influence of Top Management Team Heterogeneity on the Capital Raised through an Initial Public Offering[J]. Entrepreneurship Theory and Practice, 2008, 32 (3): 391-414.

[215] 蔡莉，彭秀青，Satish Nambisan，等 . 创业生态系统研究回顾与展望 [J] . 吉林大学社会科学学报，2016，56（01）: 5-16+187.

[216] 蔡莉，朱秀梅，张君立 . 社会网络，资源获取与新创企业绩效关系研究 [J] . 工业技术经济，2008，27（05）: 87-90.

[217] 蔡宁，何星 . 社会网络能够促进风险投资的‘增值’作用吗 ?——

基于风险投资网络与上市公司投资效率的研究［J］. 金融研究，2015，35（12）: 178-193.

［218］陈逢文，李偲琬，张宗益. 创业企业融资合约：基于互补效应的视角［J］. 管理工程学报，2013，27（04）: 92-96.

［219］陈伟. 风险投资的异质性会影响认证作用吗？——理论与实证研究［J］. 投资研究，2013，32（06）: 91-104.

［220］党兴华，董建卫，陈蓉. 风险投资机构的网络位置对其退出方式的影响研究［J］. 中国软科学，2011，20（06）: 156-166.

［221］党兴华，杨敏利，冯冰. 网络地位对风险投资机构跨区域筹资的影响研究［J］. 预测，2015，34（02）: 48-53.

［222］郝云宏，周翼翔. 基于动态内生视角的董事会与公司绩效关系研究综述［J］. 外国经济与管理，2009，31（12）:7.

［223］黄福广，彭涛，邵艳. 地理距离如何影响风险资本对新企业的投资［J］. 南开管理评论，2014，17（06）: 83-95.

［224］黄福广，彭涛，田利辉. 风险资本对创业企业投资行为的影响［J］. 金融研究，2013，33（08）: 180-192.

［225］李姚矿，汤汇道，龙丹. 天使投资研究述评［J］. 学术界，2011，26（07）: 221-233+291.

［226］李曜，张子炜. 私募股权，天使资本对创业板市场 IPO 抑价的不同影响［J］. 财经研究，2011，37（08）: 113-124+134.

［227］刘冰，罗超亮，符正平. 风险投资和创业企业总是完美一对吗［J］. 南开管理评论，2016，19（01）: 179-92.

［228］刘红云，骆方，张玉，等. 因变量为等级变量的中介效应分析［J］. 心理学报，2013，45（12）: 1431-1442.

［229］刘奎甫，茅宁. 风险投资会提高新创公司的董事会社会资本吗？商业经济与管理，2016，36（10）: 45-56.

［230］刘志迎，石磊，马朝良等. 众筹融资绩效影响因素研究 -- 基于文献

综述的视角［J］. 科学学与科学技术管理，2016，37（11）: 117-127.

［231］龙静. 创业关系网络与新创企业绩效——基于创业发展阶段的分析［J］. 经济管理，2016，38（05）: 40-50.

［232］罗吉，党兴华，王育晓. 主风险投资机构声誉与联合投资形成的关系——来自中国风险资本市场的证据［J］. 科技进步与对策，2014，31（24）: 18-24.

［233］田轩，王茅. 美国风投支持创业的内在机制［J］. 清华金融评论，2014（11）: 48-52.

［234］万迪昉，徐晋，许昊. 风险投资改善了新创企业 IPO 绩效吗？科研管理，2016，37（01）: 101-109.

［235］汪炜，于博. 上市还是并购：信息不对称视角下的风投退出方式研究. 经济学家，2013（07）: 69-78.

［236］王佳妮，李阳，刘曼红. 中国天使投资发展趋势与对策研究［J］. 科研管理，2015，36（10）: 161-168.

［237］王佳妮，刘曼红. 天使投资的行为，组织与政策研究综述［J］. 织经济问题探索，2014，35（11）: 168-177.

［238］王兰芳. 创业投资与公司治理：基于董事会结构的实证研究［J］. 财经研究，2011，37（7）: 48-59.

［239］王伟，陈伟，祝效国，等. 众筹融资成功率与语言风格的说服性——基于 Kickstarter 的实证研究［J］. 管理世界，2016，32（05）: 81-98.

［240］徐志坚，魏娟，夏伟. 高层管理团队异质性对创业企业首次公开募股折价的影响［J］. 南京大学学报（哲学. 人文科学. 社会科学版），2013，50（04）: 36-44+158.

［241］许昊，万迪昉，徐晋. 风险投资辛迪加成员背景，组织结构与 IPO 抑价——基于中国创业板上市公司的经验研究［J］. 系统工程理论与实践，2015，35（09）: 2177-2185.

［242］薛永基，李健，葛文. 国外创业金融研究综述［J］. 经济理论与经

济管理，2009，29（07）: 45-49.

[243] 杨俊，薛红志，牛芳.先前工作经验，创业机会与新技术企业绩效——一个交互效应模型及启示［J］.管理学报，2011，8（01）: 116-125.

[244] 杨俊，张玉利，杨晓非，等.关系强度，关系资源与新企业绩效——基于行为视角的实证研究［J］.南开管理评论，2009，12（04）: 44-54.

[245] 张建君，张闫龙.董事长—总经理的异质性，权力差距和融洽关系与组织绩效——来自上市公司的证据［J］.管理世界，2016，32（01）: 110-120+188.

[246] 张学勇，廖理.风险投资背景与公司 IPO: 市场表现与内在机理［J］.经济研究，2011，46（06）: 118-132.

[247] 张叶青，贾睿，陆瑶，等.辛迪加 风险投资与企业创新［J］.金融研究，2017，37（06）: 159-175.

附　录

附表 1　经合组织高科技产业及类别

经合组织高科技产业	类别
航空航天，飞机和航天器	医疗，精密和光学仪器
生物技术与制药	机动车
化工及化工产品	非电动机械
电脑，办公设备	其他运输设备
电子通讯	铁路和运输设备
电机及仪器	科学仪器
机械和工具	

资料来源：汇总自 OECD (2011, 2014) 和 Hatzichronoglou (1997)。

附表 2　研究样本初创企业所在行业一览表

Ind	idclcsrc	N	Ind	idclcsrc	N	Ind	idclcsrc	N
1	专用仪器仪表制造业	5	34	屠宰及肉类蛋类加工业	2	67	电视	8
2	专用化学产品制造业	4	35	工具制造业	1	68	矿山建筑业	3
3	中药材及中成药加工业	1	36	广告业	33	69	研发外包	1
4	书、报、杂志等出版业	3	37	广播	5	70	砖瓦、石灰和轻质建筑材料制造业	1
5	交通运输设备修理业	1	38	广播电视设备制造业	3	71	种植业	1
6	信息传输、软件和信息技术服务业	10	39	影像制品业	7	72	科学研究和技术服务业	4
7	其他专业、科研服务业	9	40	房地产经纪业	1	73	科研开发服务业	8

续表

Ind	idclcsrc	N	Ind	idclcsrc	N	Ind	idclcsrc	N
8	其他专用设备制造业	8	41	批发和零售业	2	74	租赁和商务服务业	1
9	其他交通运输辅助业	1	42	文化、体育和娱乐业	1	75	租赁服务业	1
10	其他仪器仪表制造业	2	43	旅游业	1	76	综合类	5
11	其他传播、文化产业	3	44	旅馆业	1	77	航空航天器制造业	1
12	其他保险业	1	45	日用化学产品制造业	2	78	艺术业	1
13	其他出版业	1	46	日用电子器具制造业	17	79	药品及医疗器械批发业	1
14	其他制造业	1	47	日用百货零售业	2	80	计算机网络开发、维护与咨询	210
15	其他塑料制造业	2	48	有色金属压延加工业	4	81	计算机软件开发与咨询	122
16	其他文教用品制造业	3	49	木制品业	2	82	财产保险业	1
17	其他社会服务业	18	50	木制家具制造业	1	83	贵金属矿采选业	1
18	其他计算机应用服务业	6	51	棉纺织业	1	84	轮胎制造业	1
19	其他金属制品业	2	52	汽车制造业	4	85	软件产业	1
20	其他信息服务业	18	53	汽车运输业	1	86	轴承、阀门制造业	2
21	其他零售业	34	54	海洋渔业	1	87	输配电及控制设备制造业	6
22	农、林、牧、渔业	1	55	煤炭开采业	1	88	通信设备制造业	24
23	制造业	1	56	生物技术	1	89	通用设备制造业	2
24	动物用药品制造业	2	57	生物药品制造业	2	90	邮政服务业	4
25	化学肥料制造业	3	58	电信服务业	4	91	金属结构制造业	2
26	化学药品制剂制造业	13	59	电力供应业	2	92	金属表面处理及热处理业	1
27	化学药品原药制造业	4	60	电力生产业	3	93	金融信托业	2
28	医疗器械制造业	17	61	电子元件制造业	16	94	钟表制造业	1

续表

Ind	idclcsrc	N	Ind	idclcsrc	N	Ind	idclcsrc	N
29	卫生、保健、护理服务业	3	62	电子器件制造业	48	95	铁矿采选业	1
30	合成材料制造业	6	63	电子计算机制造业	10	96	铁路、公路、隧道、桥梁建筑业	2
31	合成纤维制造业	1	64	电工器械制造业	18	97	铁路运输设备制造业	1
32	基本化学原料制造业	5	65	电影	4	98	食品、饮料、烟草零售业	1
33	塑料薄膜制造业	1	66	电机制造业	2	99	餐饮业	3
	合 计	190		合 计	203		合 计	424
	总合计	817						

附表 3 IPO 的逻辑回归结果

	（1）	（2）	（3）	（4）	(5)	(6)
Con		0（0.80）	-0.002 （-1.33）	-0.004** （-2.04）	-0.004* （-1.82）	-0.004* （-1.90）
Invest_hhi			3.085*** （6.20）	2.469*** （4.61）	2.66*** （4.64）	2.605*** （4.43）
Diwei				4.149*** （4.80）	4.771*** （5.63）	4.683*** （5.28）
Female					-3.065* （-1.88）	-3.245* （-1.90）
For						0.313 （0.49）
Time	-0.061*** （-3.26）	-0.061*** （-3.26）	-0.043** （-2.09）	-0.042* （-1.91）	-0.036 （-1.60）	-0.036 （-1.60）
Lun	0.426*** （3.37）	0.428*** （3.37）	0.444*** （3.43）	0.388*** （3.04）	0.449*** （3.41）	0.445*** （3.34）
Ind	2.921* （1.70）	2.92* （1.70）	2.982* （1.83）	3.658** （2.01）	2.768* （1.71）	3.493** （1.98）
Constant	120.855*** （3.21）	120.598*** （3.21）	83.174** （2.02）	80.076* （1.83）	69.183 （1.53）	69.066 （1.53）
观测值	664	664	664	664	664	664

说明：第 5 列是 72Ind，其他均为 52Ind。

附表 4 并购的逻辑回归结果

	(1)	(2)	(3)	(4)	(5)	(6)
Con		0.001（1.34）	0.002* （1.77）	0.002** （2.15）	0.002** （2.17）	0.002** （2.12）
Invest_hhi			−0.958* （−1.80）	−0.61 （−1.09）	−0.631 （−1.11）	−0.639 （−1.12）
Diwei				−1.825* （−1.71）	−1.915* （−1.76）	−1.962* （−1.76）
Female					0.029 （0.69）	0.028 （0.64）
For						.083 （0.14）
Time	−0.074*** （−3.31）	−0.073*** （−3.27）	−0.079*** （−3.57）	−0.08*** （−3.58）	−0.082*** （−3.70）	−0.082*** （−3.70）
Lun	−0.055 （−0.43）	−0.062 （−0.49）	−0.056 （−0.44）	−0.024 （−0.18）	−0.025 （−0.19）	−0.026 （−0.20）
Ind						
Constant	146.997*** （3.28）	145.901*** （3.24）	156.357*** （3.55）	158.323*** （3.56）	162.482*** （3.68）	162.489*** （3.68）
观测值	652	652	652	652	652	652

附表 5 创业团队规模 TeamSize 的中介效应结果

Iteration 0:log likelihood = −2273.2686
Iteration 1:log likelihood = −2273.2686
Generalized structural equation model Number of obs = 824
Response: Tingye
Family: Gaussian
Link: identity
Response: TeamSize
Family: Gaussian
Link: identity
Log likelihood = −2273.2686

	Coef.	Std.Err.	z	P>z	[95%Conf.	Interval]
Tingye						
TeamSize	−0.016	0.003	−5.990	0.000	−0.021	−0.011
con	−0.000	0.000	−0.780	0.435	−0.000	0.000

第6章

研究结论、启示与展望

总体而言，本书通过文献回顾、假设提出、研究设计、初创企业数据收集与处理、模型构建与假设检验等步骤，对初创企业股权投资者异质性与绩效之间的关系进行实证研究。本章将阐述本书的主要结论、研究贡献，并得出相应的政策启示。此外，本章还将指出本书的局限性和未来研究方向。

6.1 研究结论

本课题的研究出发点始于解释一种现象：各个国家和地区初创企业发展存在差异，这种差异在不同的国家和地区内部表现出不同的特征。有的国家和地区的初创企业发展差异程度较小，发展水平相似；有的国家和地区初创企业发展差别很大，呈现较大的区别。那么，不同地区风险资本支持初创企业的机制是什么？

一、研究结论

本书立足于初创企业股权融资的前沿问题，研究了股权投资者异质性与初创企业绩效之间的关系，阐明了股权投资者影响初创企业绩效的作用机制。具体而言，本书的研究结论主要体现在以下方面。

（1）股权投资者异质性不同维度对初创企业绩效的影响有所差异。

初创企业股权投资者具有多样化，不同股权投资者的共同投资影响初创企业的绩效。股权投资者异质性是一个多维概念，可以从不同理论视角对投资者异质性进行分类，不同维度的股权投资者异质性对初创企业绩效的影响不同。

拥有更多类型股权投资者的初创企业，不仅在创业融资阶段容易获得资金，更重要的是，不同类型的股权投资者的组合优势更有助于提升公司价值，这些优势包括专业化的管理经验、社会资本网络和提供异质性的资源等。反过来，初创企业公司价值越大，越能得到资本市场的认可。因此，股权投资者类型异质性程度越高，初创企业 IPO 的可能性越大。股权投资者地位异质性与初创企业 IPO 显著正相关。

股权投资者认知异质性与初创企业并购显著正相关。

股权投资者认知异质性与初创企业生存绩效显著正相关，股权投资者国别投资者异质性与初创企业生存绩效显著正相关。

股权投资者认知异质性与初创企业 IPO 显著负相关，股权投资者女性偏见异质性与初创企业 IPO 显著负相关。

股权投资者地位异质性与初创企业并购显著负相关。

（2）不同创业生态系统下，股权投资者异质性与初创企业绩效之间关系呈现出不同的规律。本研究将北京、上海、深圳、杭州、广州、南京、成都和厦门 8 个城市作为强创业生态系统组。

强创业生态系统组对股权投资者类型异质性与初创企业 IPO 之间有负向调节作用。

强创业生态系统组对股权投资者认知异质性与初创企业并购之间有正向调节作用；对股权投资者地位异质性与初创企业并购之间有正向调节作用；对股权投资者类型异质性与初创企业并购之间有负向调节作用；对股权投资者国别异质性与初创企业并购之间有负向调节作用；对股权投资者女性偏见异质性与初创企业并购之间有负向调节作用。

强创业生态系统组对股权投资者类型异质性与初创企业停业之间有正

向调节作用。

（3）股权投资者异质性通过初创企业治理对初创企业绩效产生影响，主要是融资合同机制和认知治理，多元化的股权投资者减轻了企业家与投资者之间的逆向选择和道德问题。此外，创业团队规模对国别投资者异质性与生存绩效之间有显著的中介效应。创投机构董事会席位对国别投资者异质性与生存绩效之间有弱的中介效应。

二、研究贡献

（1）从股权投资者类型、认知、网络地位、女性歧视和国际投资五个维度考察股权投资者异质性对初创企业绩效的影响，有助于深化股权投资者联合投资对初创企业绩效影响的研究。

（2）本研究是首次利用实证数据验证创业生态系统对股权投资者和初创企业的作用关系，突出了创业生态系统对于初创企业的重要性。一方面弥补已有实证研究忽视创业生态系统微观层面的缺陷，另一方面也丰富了初创企业研究成果。

（3）本研究探讨多样化的股权投资者通过初创企业治理作用于初创企业绩效的中介机制，深化了初创企业的治理研究。

6.2 研究启示

本书进一步拓展了初创企业股权投资者的基本内涵和创业融资理论，从创业生态系统方面提出了新的研究方向。同时，由于本研究的逻辑关系是：初创企业股权投资者具有多样化价值；不同股权投资者的共同投资影响初创企业绩效；创业生态系统影响初创企业绩效。因此，研究结论对于初创企业把握影响绩效的关键股权投资者要素，通过优化融资决策行为谋求更好的绩效水平，具有一定的启示作用，对于地区构建创业生态系统具有政策参考价值。

一、对初创企业的启示：充分发挥股权投资者异质性对初创企业绩效的重要作用

1. 加强对股权融资渠道的把握

初创企业的股权融资渠道，除了本书所涉及的传统的商业天使、风险投资两个主要的股权融资渠道以及加速器、众筹等新型的渠道外，还有本书未涉及的新型股权和债务形式，初创企业可以将这些股权新形式和本书的融资渠道结合起来。从股权投资者类型异质性对初创企业 IPO 的正面影响来看，初创企业决策者要重视股权类型多样化的价值，拓宽股权融资渠道。考虑到强创业生态系统对股权投资者类型异质性与初创企业 IPO 之间的负向调节作用，在长三角和珠三角等发达地区，汇集了实力超强的股权投资者，其垄断地位形成的利益要高于其类型多样化的利益，联合投资中反而更容易形成强强联合。股权投资者类型的异质性反而和初创企业 IPO 成反比。因此，对于强创业生态系统的初创企业，寻求专业化程度高的融资渠道比拓宽融资渠道更重要。

从政策层面来看，对于不同地区的股权资本市场要有所侧重。IPO 是中国企业非常重要的股权融资渠道，也是风投机构投资初创企业顺利退出并获取投资回报的最理想方式。IPO 暂停导致风投机构的退出不确定性加剧，会降低其采取辛迪加联合投资的可能性和投资意愿，最终对被投资企业的绩效表现产生负面影响。因此，实施 IPO 暂停政策需要兼顾初创企业融资和风投市场对 IPO 通道便利性的需求。

2. 加强对创业投资机构网络地位的把握

不同机构股权投资者在联合组织中所形成的中心位置是不同的。初创企业在融资过程中，要加强与网络中心地位的机构投资者关系的构建，其网络地位价值具有持久的价值属性。根据股权投资者地位异质性与初创企业 IPO 正相关，而与初创企业并购负相关的实证结果，说明地位异质性程度越高的股权投资者组合对初创企业 IPO 越重要。在强创业生态系统组，

地位异质性程度越高的股权投资者组合对初创企业并购越重要。这表明，在发达地区，初创企业成功退出的机会更多，并购活动更频繁；另外，高地位风投机构通过 IPO 建立声誉的意愿低。因此，对于想快速退出投资机会的风险投资机构而言，初创企业并购的概率更大。

3. 加强对跨境机构投资者的把握

全球化和 2008 年金融危机后，风险投资的国际化给各地带来了风险投资业的繁荣，也形成了对创新创业最有利的支持机制。尽管外国机构投资者会面临本地新生责任和制度障碍，但大部分实证支持外国股权投资的经验价值。研究结果表明，风险投资机构中，外国投资者的存在能显著提高生存绩效。因此，要加强对跨境机构投资者的关注。

在强创业生态系统组内的股权投资者，其国别异质性程度可能比弱创业生态系统组大。外国投资者为了尽早与本土机构合作，扩大自己的本地化网络，他们更愿意帮助国内投资者 IPO，从而扩大自己的影响力。因此，其以 IPO 形式退出的动机更大，这对并购退出不利。

4. 加强对股权投资者认知差异的把握

认知在投资者创业投资决策中发挥着重要作用。早期创业是一个非常复杂的环境，既不是以单一地关注直觉识别为标志的决策环境，也不是形式化分析过程可以完全决定最佳概率结果的环境。创业投资包含这两者的要素：从本质上来说，它们是不透明和复杂的，但可使投资者有机会分析和量化投资因素、关键标准以及一定程度上的风险（Huang & Pearce, 2015）。投资者所谓的直觉，实际上是一个复杂的直觉过程。它既包含认知又包含情感，并且具有分析性和感知主观性（Huang 2018）。因此，投资者的认知差异会导致不同的决策结果。从投资者决策角度看，投资者异质性越大，投资者认知冲突也越大，这会带来认知成本。Du（2016）证明，风险投资人通常倾向于与其类似的风险投资人联合，但他们的偏好似乎与短期的财务回报或长期的生存并不相关。从长期来看，向不同的风险投资者学习是有益的。

从实证结果看，股权投资者认知异质性与初创企业并购显著正相关；股权投资者认知异质性与初创企业生存绩效显著正相关。因此，在实践中，初创企业要充分利用不同股权投资者的认知差异，提高并购和生存概率。

二、地区构建创业生态系统的政策建议

在创造就业机会和区域创新能力方面，全球各地的政策制定者意识到硅谷对区域经济的巨大影响，他们密切关注创业生态系统的概念，都特别希望将硅谷的绩效影响复制到本地。从本书的结论来看，强创业生态系统组对本地股权投资者异质性与初创企业绩效之间关系的调节效应非常显著，特别是对公司治理的中介效应的调节效果也很明显[1]。因此，进一步发挥这些城市创业生态系统的优势，对于改善初创企业绩效和完善其治理机制至关重要。城市创业生态系统的构建，需要国家、地区和微观层面的各种资源和参与者相互作用，共同培育更多的创新型企业家和初创企业。在这个过程中，也要关注每个创业生态系统的异构性。

（1）建设“法制营商”环境，形成创业创新资源的集聚机制。构建市、区、县，政策全方位、多角度有效协同的鼓励创新创业的政策支持体系。

（2）深化“财税政策”改革，促进创新要素自由流动。设立“创业风险投资引导基金”，为风险投资等社会资本匹配杠杆资金。建立商业化模式运行，吸引更多社会资本参与风险投资。政府加强监管，明确“支持”和“导向”的职能，细化投资原则、投资对象、投资方式、基金运行规则，引导基金健康运行。

---

[1] 强创业生态系统对中介效应的调节作用很明显，由于本研究主要感兴趣的是主效应的研究。因此，这部分的实证模型和结果未在文中汇报。

6.3 研究局限与未来展望

在对创业融资理论、创业生态系统理论和初创企业股权投资者的国内外实证研究成果进行回顾分析之后，本书构建了初创企业股权投资者异质性和初创企业绩效的理论框架，并提出了具体的假设；通过数据收集、处理和统计分析进行了实证检验，取得了一些研究成果。尽管在研究设计和理论发展方面具有一定的创新性，但限于创业融资数据可得性以及不完整性，尚有不少研究问题没有涉及，或者是涉及一些研究问题，但是研究的深度不够，这些都有待于在今后的研究中不断加以探索和完善。

1. 研究样本的进一步完善

本样本选取创业数据库的缺失值比较大，下一步准备结合利用数据挖掘技术，建立我国初创企业早期融资数据库和投资机构社会网络数据库。目前这项工作已在进行中。

2. 投资者异质性维度的进一步拓展

本研究选取了股权投资者类型、网络地位、外国投资者、认知和风投行业女性歧视五个维度研究投资者异质性，未来会进一步拓展不同学科理论维度（例如地理上相近性），认知维度的测量也要进一步优化。

3. 创业生态系统研究的进一步深化

本研究首次将创业生态系统理论应用到创业金融实证分析中。创业生态系统是新兴起的创业研究方法，迄今为止，学者们已经概念化了创业生态系统如何演化和发展的不同方式，但忽略了各种创业生态系统参与者的微观互动。对创业生态系统的批评集中在缺乏明确的案例、效果关系、归因、分析单位、网络定义的不同用法，以及现有框架的静态性质。本书尽管将创业生态系统纳入微观研究框架，但也是静态考虑我们所研究的初创企业是否在强创业生态系统组（北京、上海、深圳、杭州、广州、南京、成都和厦门 8 个城市），并未从行为角度真正挖掘股权投资者和初创企业的互动联系。今后，可以从以下两个方面对价值效应研究做进一步深化。

（1）进一步丰富创业生态系统作为条件变量的内涵。

（2）将定性和定量方法相结合，增加实地走访和案例研究，力求准确把脉创业生态系统亟待解决的难题。

4. 内生性检验方法的进一步加强

创业金融文献重要的和更持久的问题之一是回答早期金融家（例如天使和风险资金）能在多大程度上真正影响他们投资的公司。由于私营企业数据可得性的限制，关于风险投资和商业天使是否确实创造了这些价值的实证证据还相对稀缺。另外，企业家不可观察的异质性（例如能力或野心），和风险资本家投资决策一样，也会驱使企业成长。问题是种子期投资者是否对创业企业的绩效有因果影响，或者是否他们的主要作用是选择有更好的内在增长机会的公司。在评估早期投资时这些问题尤其重要，因为就其本质而言，早期投资是不透明的。为了解决任何潜在的内生性或有关天使和风险资金支持的选择问题，创业领域普遍采用双重差分法、匹配法和断点回归方法来控制选择偏差。由于样本的不可获得性，研究的下一步将从数据采集入手，选择合适的匹配样本或设计断点回归，解决这个创业金融实证普遍存在的问题。

参考文献

[1] Ács, Zoltán J, ErkkoAutio, etal. National Systems of Entrepreneurship: Measurement Issues and Policy Implications[J]. Research Policy, 2014,43(3): 476-494.

[2] Ács, Zoltan J, Stam E, David B. Audretsch, etal. The Lineages of the Entrepreneurial Ecosystem Approach[J]. Small Business Economics, 2017,49 (1): 1-10.

[3] Admati, Anat R, Pfleiderer P. Robust Financial Contracting and the Role of Venture Capitalists[J]. The Journal of Finance, 1994, 49(2): 371-402.

[4] Adomdza, Gordon K, Åstebro T, etal. Decision Biases and Entrepreneurial Finance[J]. Small Business Economics, 2016, 47(4): 819-834.

[5] Aghion, Philippe, Bolton P. An Incomplete Contracts Approach to Financial Contracting[J]. The Review of Economic Studies, 1992, 59(3): 473-494.

[6] Ahlers, Gerrit K C, Cumming D, etal. Signaling in Equity Crowdfunding [J]. Entrepreneurship Theory and Practice, 2015, 39 (4): 955-980.

[7] Alvarez, Sharon A, Barney J B. Entrepreneurial Opportunities and Poverty Alleviation[J]. Entrepreneurship Theory and Practice, 2014, 38 (1): 159–84.

[8] Elisa A G, IsinGuler. Status in a Strange Land? Context-Dependent Value of Status in Cross-Border Venture Capital[J]. Strategic Management Journal, 2018, 39 (7): 1887-1911.

[9] Amit, Raphael, Brander J, etal. Why Do Venture Capital Firms Exist?

Theory and Canadian Evidence[J]. Journal of Business Venturing, 1998, 13 (6): 441-466.

[10] Audretsch D B, Belitki M. Entrepreneurial Ecosystems in Cities: Establishing the Framework Conditions[J]. The Journal of Technology Transfer, 2017, 42 (5): 1030-1051.

[11] Audretsch, David B, Thurik A R.Capitalism and Democracy in the 21st Century: From the Managed to the Entrepreneurial Economy[J]. Journal of Evolutionary Economics, 2000, 10 (1): 17-34.

[12] Avdeitchikova S, Landström H Who Can I Rely on Reliance on Different Sources of Trust in Business Angel Investing[J]. Frontiers of Entrepreneurship Research, 2010, 30(2):1-15.

[13] Avdeitchikova, Sofia, Landström H, Månsson N. What Do We Mean When We Talk about Business Angels? Some Reflections on Definitions and Sampling[J]. Venture Capital, 2008, 10 (4): 371-394.

[14] Bahrami, Homa, Evans S. Flexible Re-Cycling and High-Technology Entrepreneurship[J]. California Management Review, 1995, 37(3): 62-89.

[15] Kent B H, John R, Nofsinger. Psychological Biases of Investors. Financial Services Review, 2002, 11 (2): 97-116.

[16] Bammens, Yannick, Collewaert V. Trust Between Entrepreneurs and Angel Investors: Exploring Positive and Negative Implications for Venture Performance Assessments[J]. Journal of Management, 2014, 40 (7): 1980-2008.

[17] Bania N, Eberts R W, Fogarty M S.Universities and the Startup of New Companies: Can We Generalize from Route 128 and Silicon Valley?[J] The Review of Economics and Statistics, 1993, 75(4): 761-776.

[18] Baron T, Freiling J. Blueprint Silicon Valley? Explaining Idiosyncrasy of Startup Ecosystems[J]. Problemy Zarządzania, 2019, 81(1): 54-76

[19] Bayar, Onur, Thomas J. Chemmanur, and Xuan Tian. Peer Monitoring, Syndication, and the Dynamics of Venture Capital Interactions: Theory and Evidence[J]. Journal of Financial and Quantitative Analysis, 2020, 55(6): 1875-1914.

[20] Becker–Blease, John R, Sohl J E.The Effect of Gender Diversity on Angel Group Investment[J]. Entrepreneurship Theory and Practice, 2011, 35 (4): 709-733.

[21] Beckman, Christine M, Pamela R,etal. Network Learning: The Effects of Partners' Heterogeneity of Experience on Corporate Acquisitions[J]. Administrative Science Quarterly, 2002, 47 (1): 92-124.

[22] Belderbos, René, Jacob J, etal. Corporate Venture Capital (CVC) Investments and Technological Performance: Geographic Diversity and the Interplay with Technology Alliances[J]. Journal of Business Venturing, 2018, 33 (1): 20-34.

[23] Bellavitis, Cristiano, Filatotchev I, etal. Entrepreneurial Finance: New Frontiers of Research and Practice[J]. Venture Capital, 2017, 19 (1-2): 1-16.

[24] Belleflamme P N, Omrani, Peitz M.The Economics of Crowdfunding Platforms[J]. Information Economics and Policy, 2015, 33: 11-28.

[25] Bena, Jan, Molina H O. Pyramidal Ownership and the Creation of New Firms[J]. Journal of Financial Economics, 2013, 108 (3): 798-821.

[26] Bengtsson, Ola, David H.Ethnic Matching in the U.S. Venture Capital Market[J]. Journal of Business Venturing, 2015, 30 (2): 338-354.

[27] Benson, David, Ziedonis R H.Corporate Venture Capital as a Window on New Technologies: Implications for the Performance of Corporate Investors When Acquiring Startups[J]. Organization Science, 2009, 20 (2): 329-351.

[28] Berger A N, Udell G F. The Economics of Small Business Finance: The Roles of Private Equity and Debt Markets in the Financial Growth Cycle[J]. Journal of Banking & Finance, 1998, 22: 613-673.

[29] Berger, Elisabeth S C, Kuckertz A. Female Entrepreneurship in Startup Ecosystems Worldwide[J]. Journal of Business Research, 2016, 69 (11): 5163-5168.

[30] Bernstein, Shai, Giroud X, etal. Townsend. The Impact of Venture Capital Monitoring[J]. The Journal of Finance, 2016, 71 (4): 1591-1622.

[31] Bertoni F, Colombo M G, Quas A. The Role of Governmental Venture Capital in the Venture Capital Ecosystem: An Organizational Ecology Perspective[J]. Entrepreneurship Theory and Practice, 2019, 43(3): 611-628.

[32] Bertoni, Fabio, Massimo G, etal. Venture Capital Financing and the Growth of High-Tech Start-Ups: Disentangling Treatment from Selection Effects[J]. Research Policy, 2011, 40 (7): 1028-1043.

[33] Bertoni, Fabio, Massimo G,etal. Venture Capital Investor Type and the Growth Mode of New Technology-Based Firms[J]. Small Business Economics, 2013, 40 (3): 527-552.

[34] Bertoni, Fabio, Massimo G, etal. The Patterns of Venture Capital Investment in Europe[J]. Small Business Economics, 2015, 45 (3): 543-560.

[35] Bertoni, Fabio, Diego D'Adda, and Luca Grilli. Cherry-Picking or Frog-Kissing? A Theoretical Analysis of How Investors Select Entrepreneurial Ventures in Thin Venture Capital Markets[J]. Small Business Economics, 2016, 46 (3): 391-405.

[36] Bertoni, Fabio, Tykvová T. Does Governmental Venture Capital Spur Invention and Innovation? Evidence from Young European Biotech Companies[J]. Research Policy, 2015, 44 (4): 925-935.

[37] Bessière, Véronique, Stéphany E, etal. Crowdfunding, Business Angels, and Venture Capital: An Exploratory Study of the Concept of the Funding Trajectory[J]. Venture Capital, 2020, 22 (2): 135-160.

[38] Bienz, Carsten, Hirsch J. The Dynamics of Venture Capital Contracts[J]. Review of Finance, 2012, 16 (1): 157-195.

[39] Bingham C B, Hallen B L.The Role of Accelerator Designs in Mitigating Bounded Rationality in New Ventures[J]. Administrative Science Quarterly, 2019, 64(4): 810-854.

[40] Blank S. Why the Lean Start-up Changes Everything[J]. Harvard Business Review, 2013, 91(5): 63-72.

[41] Bonini, Stefano, Capizzi V.The Role of Venture Capital in the Emerging Entrepreneurial Finance Ecosystem: Future Threats and Opportunities[J]. Venture Capital, 2019, 21 (2-3): 137-175.

[42] Bonini, Stefano, Capizzi V, etal. Emerging Trends in Entrepreneurial Finance[J]. Venture Capital, 2019, 21 (2-3): 133-136.

[43] Bonini, Stefano, Capizzi V, etal. The Performance of Angel-Backed Companies. Journal of Banking & Finance, 2019, 100 (3): 328-345.

[44] Bonnet, Christophe, Wirtz P. Investor Type, Cognitive Governance and Performance in Young Entrepreneurial Ventures: A Conceptual Framework[J]. Advances in Behavioral Finance & Economics: The Journal of the Academy of Behavioral, 2011, 1 (1): 42-62.

[45] Bonnet, Christophe, Wirtz P.Raising Capital for Rapid Growth in Young Technology Ventures: When Business Angels and Venture Capitalists Coinvest[J]. Venture Capital, 2012, 14 (2-3): 91-110.

[46] Botelho, Tiago dos Santos. Angel Diversity: Studying the Decision Making Criteria[J]. PhD, University of Glasgow, 2017.

[47] Bradford C S. Crowdfunding and the Federal Securities Laws[J].

Columbia Business Law Review1, 2012:1-150.

[48] Brander, James A, Du Q Q, etal. The Effects of Government-Sponsored Venture Capital: International Evidence[J]. Review of Finance, 2015, 19 (2): 571-618.

[49] Brophy, David J, Shulman J M.A Finance Perspective on Entrepreneurship Research[J]. Entrepreneurship Theory and Practice, 1992, 16 (3): 61-72.

[50] Brown, Ross, Mason C. Looking inside the Spiky Bits: A Critical Review and Conceptualisation of Entrepreneurial Ecosystems[J]. Small Business Economics, 2017, 49 (1): 11-30.

[51] Brown,Ross,Mawson S,etal. Working the Crowd: Improvisational Entrepreneurship and Equity Crowdfunding in Nascent Entrepreneurial Ventures[J]. International Small Business Journal, 2018, 36 (2): 169-193.

[52] Bruton, Garry D, Filatotchev I, etal. Governance, Ownership Structure, and Performance of IPO Firms: The Impact of Different Types of Private Equity Investors and Institutional Environments[J]. Strategic Management Journa, 2009, l31(5): 491-510.

[53] Bruton, Garry D, Vance H,etal. Institutional Influences on the Worldwide Expansion of Venture Capital[J]. Entrepreneurship Theory and Practice, 2005, 29 (6): 737-760.

[54] Buchner, Axel, Espenlaub S, etal. Cross-Border Venture Capital Investments: The Impact of Foreignness on Returns[J]. Journal of International Business Studies, 2018, 49 (5): 575-604.

[55] Li C, Liu Q, Yu X Y.Effects of Top Management Team Heterogeneous Background and Behavioural Attributes on the Performance of New Ventures[J]. Systems Research and Behavioral Science, 2013, 30 (3): 354-366.

[56] Cantner, Uwe, Cunningham J, etal. Entrepreneurial ecosystems: a

dynamic lifecycle model[J]. Small Business Economics, 2019, 2: 1-17.

[57] Ceccagnoli, Marco, Matthew J,etal. Corporate Venture Capital as a Real Option in the Markets for Technology[J].Strategic Management Journal, 2018, 39 (13): 3355–3381.

[58] Chemmanur T J, Hull T J, Krishnan K.Do Local and International Venture Capitalists Play Well Together? The Complementarity of Local and International Venture Capitalists[J]. Journal of Business Venturing, 2016, 31(5): 573-594.

[59] Chemmanur, Thomas J, Fulghieri P.Entrepreneurial Finance and Innovation: An Introduction and Agenda for Future Research[J]. The Review of Financial Studies, 2014, 27 (1): 1-19.

[60] Chemmanur, Thomas J, Loutskina E, etal. Corporate Venture Capital, Value Creation, and Innovation[J]. The Review of Financial Studies,2014, 27 (8): 2434-2473.

[61] Choi Y, Kim D.The Effects of Investor Types on Investees' Performance: Focusing on the Seed Accelerator[J]. Cogent Economics & Finance, 2018, 6 (1): 1-19.

[62] Cohen, Boyd. Sustainable Valley Entrepreneurial Ecosystems[J]. Business Strategy and the Environment, 2006, 15 (1): 1-14.

[63] Cohen S, Fehder D C, Hochberg Y V, etal. The Design of Startup Accelerators[J]. Research Policy, 2019, 48(7): 1781-1797

[64] Cohen, Susan, Hochberg Y V. Accelerating Startups: The Seed Accelerator Phenomenon[J]. SSRN Journal, 2014(3), 1-16.

[65] Collewaert, Veroniek, Manigart S.Valuation of Angel-Backed Companies: The Role of Investor Human Capital[J]. Journal of Small Business Management, 2016, 54 (1): 356-372.

[66] Colombo M G,Murtinu S. Venture Capital Investments in Europe and

Portfolio Firms' Economic Performance: Independent versus Corporate Investors[J]. Journal of Economics & Management, 2017, 26(1): 35-66.

[67] Colombo, Massimo G., Douglas J, etal. Governmental Venture Capital for Innovative Young Firms[J]. The Journal of Technology Transfer, 2016, 41 (1): 10-24.

[68] Colombo, Massimo G, Adda D D, etal. The Geography of Venture Capital and Entrepreneurial Ventures' Demand for External Equity[J]. Research Policy, 2019, 48 (5): 1150-1170.

[69] Conti A, Thursby M. Show Me the Right Stuff: Signals for High-tech Startups[J]. Journal of Economics, 2013, 22(2): 341-364.

[70] Cosh, Andy, Cumming D, etal. Outside Enterpreneurial Capital[J]. The Economic Journal, 2009, 119 (540): 1494-1533.

[71] Cumming D, Knill A, Syvrud K.Do International Investors Enhance Private Firm Value? Evidence from Venture Capital[J]. Journal of International Business Studies, 2016, 47(3): 347-373

[72] Cumming, Douglas. Contracts and Exits in Venture Capital Finance[J]. The Review of Financial Studies, 2008, 21 (5): 1947-1982.

[73] Cumming, Douglas, Deloof M, etal. New Directions in Entrepreneurial Finance[J]. Journal of Banking & Finance, 2019, 100 (3): 252-260.

[74] Cumming, Douglas, Groh A P.Entrepreneurial Finance: Unifying Themes and Future Directions[J]. Journal of Corporate Finance, 2018, 50 (6): 538-555.

[75] Cumming, Douglas J, Grilli L, etal. Governmental and Independent Venture Capital Investments in Europe: A Firm-Level Performance Analysis[J]. Journal of Corporate Finance, 2017, 42 (2): 439-459.

[76] Cumming, Douglas J, Vismara S.A Research Journey into Entrepreneurial Finance[J]. In Companion to Makers of Modern Entrepreneurship. Edited

by David B. Audretsch & Erik E. Lehmann: Routledge, 2016.

[77] Cumming, Douglas J, Vismara S. De-Segmenting Research in Entrepreneurial Finance[J]. Venture Capital, 2017, 19 (1-2): 17-27.

[78] Cumming, Douglas, Johan S.Government Venture Capital Research: Fake Science and Bad Public Policy[J]. Venture Capital, 2019, 21 (1): 121-131.

[79] Cumming, Douglas, Johan S A B.Preplanned Exit Strategies in Venture Capital[J]. European Economic Review, 2008, 52 (7): 1209-1241.

[80] Cumming, Douglas, Zhang M.Angel Investors around the World[J]. Journal of International Business Studies, 2019, 50 (5): 692-719.

[81] Na D, Jo H, Kassicieh S.Cross-Border Venture Capital Investments in Asia: Selection and Exit Performance[J]. Journal of Business Venturing, 2012, 27 (6): 666-684.

[82] Datta, Bhatt P, Gailey R.Empowering Women through Social Entrepreneurship: Case Study of a Women's Cooperative in India[J]. Entrepreneurship Theory and Practice, 2012, 36 (3): 569-587.

[83] Davila, Antonio, Foster G,etal. Venture Capital Financing and the Growth of Startup Firms[J]. Journal of Business Venturing, 2003, 18 (6): 689-708.

[84] Denis, David J. Entrepreneurial Finance: An Overview of the Issues and Evidence[J]. Journal of Corporate Finance, 2004, 10 (2): 301-326.

[85] Devigne, David, Manigart S, etal. Venture Capital Internationalization: Synthesis and Future Research Directions[J]. Journal of Economic Surveys, 2018, 32 (5): 1414-1445.

[86] Devigne, David, Vanacker T, etal. The Role of Domestic and Cross-Border Venture Capital Investors in the Growth of Portfolio Companies[J]. Small Business Economics, 2013, 40 (3): 553-573.

[87] Dimov, Dimo P, Shepherd D A. Human Capital Theory and Venture Capital Firms: Exploring 'home Runs' and 'strike Outs'[J]. Journal of Business Venturing, 2005, 20 (1): 1-21.

[88] Drover, Will, Busenitz L,etal. A Review and Road Map of Entrepreneurial Equity Financing Research: Venture Capital, Corporate Venture Capital, Angel Investment, Crowdfunding, and Accelerators[J]. Journal of Management, 2017, 43 (6): 1820-1853.

[89] Drover, Will, Wood M S, etal. Attributes of Angel and Crowdfunded Investments as Determinants of VC Screening Decisions[J]. Entrepreneurship Theory and Practice, 2017, 41 (3): 323-347.

[90] Du, Qianqian. Birds of a Feather or Celebrating Differences? The Formation and Impacts of Venture Capital Syndication[J]. Journal of Empirical Finance, 2016, 39 (11): 1-14.

[91] Dubini P. The Influence of Motivations and Environment on Business Start-Ups: Some Hints for Public Policies[J]. Journal of Business Venturing, 1989, 4 (1):11-26.

[92] Dushnitsky, Gary, Guerini M, etal. Crowdfunding in Europe: Determinants of Platform Creation across Countries[J]. California Management Review, 2016, 58 (2): 44-71.

[93] Dushnitsky, Gary, Shapira Z.Entrepreneurial Finance Meets Organizational Reality: Comparing Investment Practices and Performance of Corporate and Independent Venture Capitalists[J]. Strategic Management Journal, 2010, 31(9): 990-1017.

[94] Engberg, Erik, Tingvall P G, etal. Direct and Indirect Effects of Private- and Government-Sponsored Venture Capital[J]. Empirical Economics, 2019, 10(9): 1-35.

[95] Estrin, Saul, Gozman D,etal. The Evolution and Adoption of Equity

Crowdfunding: Entrepreneur and Investor Entry into a New Market[J]. Small Business Economics, 2018, 51 (2): 425-439.

[96] Ewens, Michael, Nanda R, etal. Cost of Experimentation and the Evolution of Venture Capital[J]. Journal of Financial Economics, 2018, 128 (3): 422-442.

[97] Falconieri, Sonia, Filatotchev I, etal. Size and Diversity in VC Syndicates and Their Impact on IPO Performance[J]. The European Journal of Finance, 2019, 25 (11): 1032-1053.

[98] Fama E F, Jensen M C.Agency Problems and Residual Claims[J]. The Journal of Law and Economics, 1983, 26(2): 327-349.

[99] Fitza, Markus, Matusik S F, etal. Do VCs Matter? The Importance of Owners on Performance Variance in Start-up Firms[J]. Strategic Management Journal, 2009, 30(4): 387-404.

[100] Florida R, Hathaway I.How the Geography of Startups and Innovation Is Changing[J]. Harvard Business Review, 2018: 11-19.

[101] Franke, Nikolaus, Gruber M, etal. What You Are Is What You Like—similarity Biases in Venture Capitalists' Evaluations of Start-up Teams[J]. Journal of Business Venturing, 2006, 21 (6): 802–826.

[102] Fraser, Stuart, Bhaumik S K, etal. What Do We Know about Entrepreneurial Finance and Its Relationship with Growth[J]? International Small Business Journal, 2015, 33 (1): 70-88.

[103] Garg, Sam. Venture Boards: Distinctive Monitoring and Implications for Firm Performance[J]. Academy of Management Review, 2013, 38 (1): 90–108.

[104] Garg, Sam, Furr N.Venture Boards: Past Insights, Future Directions, and Transition to Public Firm Boards[J]. Strategic Entrepreneurship Journal, 2017, 11 (3): 326-343.

[105] Gnyawali, Devi R,Fogel D S.Environments for Entrepreneurship Development: Key Dimensions and Research Implications[J]. Entrepreneurship Theory and Practice, 1994, 18 (4): 43-62.

[106] Gompers, Paul A, Mukharlyamov V, etal. The Cost of Friendship[J]. Journal of Financial Economics, 2016, 119 (3): 626-644.

[107] Gompers, Paul, Kovner A, etal. Venture Capital Investment Cycles: The Impact of Public Markets[J]. Journal of Financial Economics, 2008, 87 (1): 1-23.

[108] Griffin Z J. Crowdfunding: Fleecing the American Masses[J]. Journal of Law, Technology, & theInternet, 2013, 4(2): 375-410.

[109] Grilli, Luca, Murtinu S.Government, Venture Capital and the Growth of European High-Tech Entrepreneurial Firms[J]. Research Policy, 2014, 43 (9): 1523-1543.

[110] tDi G, Jiang K.Venture Capital Investment and the Performance of Entrepreneurial Firms: Evidence from China[J]. Journal of Corporate Finance, 2013, 22 (9): 375-395.

[111] Hahn, Sunny, Kang J.Complementary or Conflictory?: The Effects of the Composition of the Syndicate on Venture Capital-Backed IPOs in the US Stock Market[J]. Economia E Politica Industriale, 2017, 44 (1): 77-102.

[112] Hall B H, Lerner J.The Financing of R&D and Innovation[J]. Handbook of the Economics of Innovation1, 2010(1): 609-639.

[113] Hallen B L. The Causes and Consequences of the Initial Network Positions of New Organizations: From Whom Do Entrepreneurs Receive Investments[J]? Administrative Science Quarterly, 2008, 53(4): 685-718.

[114] Harrison, Joseph S, Fitza M A.HETEROGENEITY OF CORPORATE

PARENTS AND THE PARADOX OF CORPORATE VENTURE CAPITAL: A SOCIAL CAPITAL APPROACH[J]. Frontiers of Entrepreneurship Research, 2014, 34 (1): 1-15.

[115] Harrison, Richard T, Mason C M.Does Gender Matter? Women Business Angels and the Supply of Entrepreneurial Finance[J]. Entrepreneurship Theory and Practice, 2007, 31 (3): 445-472.

[116] Harrison, Richard T, Mason C M.Venture Capital 20 Years on: Reflections on the Evolution of a Field[J]. Venture Capital, 2019, 21 (1): 1-34.

[117] Hechavarría D M, Matthews C H.Does Start-up Financing Influence Start-up Speed? Evidence from the Panel Study of Entrepreneurial Dynamics[J]. Small Business Economics, 2016, 46(1):137-167.

[118] Hegde, Deepak, Tumlinson J.Does Social Proximity Enhance Business Partnerships? Theory and Evidence from Ethnicity's Role in U.S. Venture Capital[J]. Management Science, 2014, 60 (9): 2355-2380.

[119] Hellmann, Thomas, Thiele V.Friends or Foes? The Interrelationship between Angel and Venture Capital Markets[J]. Journal of Financial Economics, 2015, 115 (3): 639-653.

[120] Hernandez, Exequiel, Sanders W G, etal. Network Defense: Pruning, Grafting, and Closing to Prevent Leakage of Strategic Knowledge to Rivals[J]. Academy of Management Journal, 2015, 58 (4): 1233-1260.

[121] Hmieleski, Keith M, Baron R A.Entrepreneurs' Optimism And New Venture Performance: A Social Cognitive Perspective[J]. Academy of Management Journal, 2009, 52 (3): 473-488.

[122] Hochberg, Yael V. Venture Capital and Corporate Governance in the Newly Public Firm[J]. Review of Finance, 2012, 16 (2): 429-480.

[123] Hochberg, Yael V, Ljungqvist A, etal. Whom You Know Matters: Venture Capital Networks and Investment Performance[J]. The Journal

of Finance, 2007, 62 (1): 251-301.

[124] Hoogendoorn, Sander, Parker S C, etal. Smart or Diverse Start-up Teams? Evidence from a Field Experiment[J]. Organization Science, 2017, 28 (6): 1010-1028.

[125] Hopp, Christian. When Do Venture Capitalists Collaborate? Evidence on the Driving Forces of Venture Capital Syndication[J]. Small Business Economics, 2010, 35 (4): 417-431.

[126] Hopp, Christian, Lukas C.A Signaling Perspective on Partner Selection in Venture Capital Syndicates[J]. Entrepreneurship Theory and Practice, 2014, 38 (3): 635-670.

[127] Howell, Sabrina T. Reducing Information Frictions in Venture Capital: The Role of New Venture Competitions[J]. Journal of Financial Economics, 2020, 136 (3): 676-694.

[128] Huang, Laura. The Role of Investor Gut Feel in Managing Complexity and Extreme Risk. Academy of Management Journal, 2018, 61 (5): 1821-1847.

[129] Huang, Laura, Pearce J L. Managing the Unknowable: The Effectiveness of Early-Stage Investor Gut Feel in Entrepreneurial Investment Decisions[J]. Administrative Science Quarterly, 2015, 60 (4): 634-670.

[130] Mark H J, Suchard J A.Foreign VCs and Venture Success: Evidence from China[J]. Journal of Corporate Finance, 2013, 21 (6): 16-35.

[131] Huyghebaert, Nancy, and Linda M, etal. The Determinants of Financial Structure: New Insights from Business Start-Ups[J]. European Financial Management, 2007, 13 (1): 101-133.

[132] Isenberg, Daniel. How to Start an Entrepreneurial Revolution[J]. Harvard Business Review, 2010, 88 (6): 41-49.

［133］Jeng, Leslie A, Wells P C.The Determinants of Venture Capital Funding: Evidence across Countries[J]. Journal of Corporate Finance, 2000, 6 (3): 241-289.

［134］Jensen, Michael C, Meckling W H. Theory of the Firm: Managerial Behavior, Agency Costs and Ownership Structure[J]. Journal of Financial Economics, 1976, 3 (4): 305-360.

［135］Kang, Shinhyung. The Impact of Corporate Venture Capital Involvement in Syndicates[J]. Management Decision, 2019, 57 (1): 131-151.

［136］Kanze, Dana, Laura Huang, etal. We Ask Men to Win & Women Not to Lose: Closing the Gender Gap in Startup Funding[J]. Academy of Management Journal, 2017, 61 (2): 586-614.

［137］Kaplan S N, Strömberg P. Financial Contracting Theory Meets the Real World: An Empirical Analysis of Venture Capital Contracts[J]. The Review of Economic Studies, 2003, 70(2): 281-315.

［138］Kaplan, Steven N, Martel F, etal. How Do Legal Differences and Experience Affect Financial Contracts[J]? Journal of Financial Intermediation, 2007, 16 (3): 273-311.

［139］Kaplan, Steven N, Schoar A. Private Equity Performance: Returns, Persistence, and Capital Flows[J]. The Journal of Finance, 2005, 60 (4): 1791-1823.

［140］Kaplan, Steven N, Sensoy B A.Should Investors Bet on the Jockey or the Horse? Evidence from the Evolution of Firms from Early Business Plans to Public Companies[J]. The Journal of Finance, 2009, 64 (1): 75-115.

［141］Kaplan, Steven N, Strömberg P.Financial Contracting Theory Meets the Real World: An Empirical Analysis of Venture Capital Contracts[J]. The Review of Economic Studies, 2003, 70(2): 281-315.

［142］Kaplan, Steven N, Strömberg P.Venture Capitalists as Principals:

Contracting, Screening, and Monitoring[J]. The American Economic Review, 2001, 91 (2): 426-430.

[143] Kaplan, Steven N, Strömberg P.Characteristics, Contracts, and Actions: Evidence from Venture Capitalist Analyses[J]. The Journal of Finance, 2004, 59 (5): 2177-2210.

[144] Kenney, Martin, Zysman J.Unicorns, Cheshire Cats, and the New Dilemmas of Entrepreneurial Finance[J]. Venture Capital, 2019, 21 (1): 35-50.

[145] Kerr, William R, Lerner J, etal. The Consequences of Entrepreneurial Finance: Evidence from Angel Financings[J]. The Review of Financial Studies, 2014, 27 (1): 20-55.

[146] Khavul, Susanna, Deeds D.The Evolution of Initial Co-Investment Syndications in an Emerging Venture Capital Market[J]. Journal of International Management, 2016, 22 (3): 280-293.

[147] Kim, Hyuk J, Wagman L.Early-Stage Entrepreneurial Financing: A Signaling Perspective[J]. Journal of Banking & Finance, 2016, 67 (6): 12-22.

[148] Klein M, Neitzert F.Start-up Financing in the Digital Age–A Systematic Review and Comparison of New Forms of Financing[J]. Finance, 2020, 21(2): 46-98.

[149] Kwapisz, Agnieszka, Hechavarría D M.Women Don't Ask: An Investigation of Start-up Financing and Gender[J]. Venture Capital, 2018, 20 (2): 159-190.

[150] Lee, Soo H. Peer Networks in Venture Capital[J]. Journal of Empirical Finance, 2017, 41 (03): 19-30.

[151] Lee, Peggy M, Wahal S. Grandstanding, Certification and the Underpricing of Venture Capital Backed IPOs[J]. Journal of Financial

Economics, 2004, 73 (2): 375-407.

[152] Lewis, Virginia L, Churchill N C. The Five Stages of Small Business Growth[J]. Harvard Business Review, 1983, 61(3): 30-50.

[153] Yong L, Vertinsky I B, Li J.National Distances, International Experience, and Venture Capital Investment Performance[J]. Journal of Business Venturing, 2014, 29 (4): 471-489.

[154] Lins E. Five Essays on Entrepreneurial Finance: Exploring New Ventures' Financing Sources[J]. Doctoral dissertation, Heinrich Heine University Düsseldorf, 2016.

[155] Mäkelä M M, Maula M V J.Cross-Border Venture Capital and New Venture Internationalization: An Isomorphism Perspective[J]. Venture Capital, 2005, 7(3): 227-257.

[156] Malecki E J. Entrepreneurship and Entrepreneurial Ecosystems[J]. Geography Compass, 2018, 12(3): 1-21.

[157] Malmström M, Johansson J. Gender Stereotypes and Venture Support Decisions: How Governmental Venture Capitalists Socially Construct Entrepreneurs' Potential[J]. Entrepreneurship Theory and Practice, 2017, 41(5): 833-860.

[158] Manigart, Sophie, Wright M.Venture Capital Investors and Portfolio Firms[J]. Foundations and Trends® in Entrepreneurship, 2013, 9 (4-5): 365-570.

[159] Marmer M, Herrmann B L, Dogrultan E. Startup Genome Report Extra: Premature Scaling[J]. Startup Genome, 2011, 10: 1-56.

[160] Masulis, Ronald W, Nahata R. Strategic Investing and Financial Contracting in Start-Ups: Evidence from Corporate Venture Capital[J]. Venture Capital, 2007, 1(1): 1-57.

[161] Masulis, Ronald W, Nahata R. Financial Contracting with Strategic

Investors: Evidence from Corporate Venture Capital Backed IPOs[J]. Journal of Financial Intermediation, 2009, 18 (4): 599-631.

[162] Maxin H. Corporate Venture Capital and the Nature of Innovation[J]. Economics of Innovation and New Technology, 2020, 29(1): 1-30.

[163] Mazzarol T. Growing and Sustaining Entrepreneurial Ecosystems: What They Are and the Role of Government Policy[J].Small Enterprise Association of Australia and New Zealand, SEAANZ white paper, 2014, WP01-2014.

[164] McCardle J G, Speck a S S.Cognitive Foundation of Diversity Management: Bridging the Gap between Aspiration and Reality[J]. American Journal of Management, 2020, 20(1): 64-78.

[165] Megginson, William L, Weiss K A.Venture Capitalist Certification in Initial Public Offerings[J]. The Journal of Finance, 1991, 46 (3): 879-903.

[166] Meuleman M, Jaaskelainen M.Do Institutions Help Venture Capitalists Trust New Partners? Evidence from Cross-Border Venture Capital Syndicates[J]. Frontiers of Entrepreneurship Research, 2011, 31 (2): 34-48.

[167] Meuleman, Miguel, Jääskeläinen M, etal. Venturing into the Unknown with Strangers: Substitutes of Relational Embeddedness in Cross-Border Partner Selection in Venture Capital Syndicates[J]. Journal of Business Venturing, 2017, 32 (2): 131-144.

[168] Mitteness, Cheryl R, DeJordy R, etal. Extending the Role of Similarity Attraction in Friendship and Advice Networks in Angel Groups[J]. Entrepreneurship Theory and Practice, 2016, 40 (3): 627-655.

[169] Munari, Federico, Toschi L. Assessing the Impact of Public Venture Capital Programmes in the United Kingdom: Do Regional

Characteristics Matter[J]? Journal of Business Venturing, 2015, 30 (2): 205-226.

[170] Nahata, Rajarishi. Venture Capital Reputation and Investment Performance. Journal of Financial Economics, 2008, 90 (2): 127-151.

[171] Nanda, Ramana, Samila S, etal. The Persistent Effect of Initial Success: Evidence from Venture Capital[J]. Journal of Financial Economics, 2020, 137 (1): 231-248.

[172] Neck H M, Meyer G D, Cohen B.An Entrepreneurial System View of New Venture Creation[J]. Journal of Small Business Management, 2004, 42(2): 190-208.

[173] Nylund, Petra A, Cohen B. Collision Density: Driving Growth in Urban Entrepreneurial Ecosystems[J]. International Entrepreneurship and Management Journal, 2017, 13 (3): 757-776.

[174] Oviatt, Benjamin M, McDougall P P. Toward a Theory of International New Ventures[J]. Journal of International Business Studies, 1994, 25 (1): 45-64.

[175] Ozmel U, Guler I. Small Fish, Big Fish: The Performance Effects of the Relative Standing in Partners' Affiliate Portfolios[J]. Strategic Management Journal, 2015, 36(13): 2039-2057.

[176] Ozmel, Umit, David T, etal. Strategic Alliances, Venture Capital, and Exit Decisions in Early Stage High-Tech Firms[J]. Journal of Financial Economics, 2013, 107 (3): 655-670.

[177] Pahnke E C, Katila R. Who Takes You to the Dance? How Partners' Institutional Logics Influence Innovation in Young Firms[J]. Administrative Science Quarterly, 2015, 60(4): 596-633.

[178] Park, Dennis H, Steensma H K. When Does Corporate Venture Capital Add Value for New Ventures[J]? Strategic Management Journal, 2012,

33 (1): 1-22.

[179] Park, Sarah, Joseph A, etal. Concentrating Too Hard? Foreign and Corporate Venture Capital Involvement in Syndicates[J]. Journal of Small Business Management, 2019, 57 (2): 327-342.

[180] Pennings J M. The Urban Quality of Life and Entrepreneurship[J]. Academy of Management Journal, 1982, 25(1): 63-79.

[181] Pollock T G, Lee P M, Jin K.(Un) Tangled: Exploring the Asymmetric Coevolution of New Venture Capital Firms' Reputation and Status[J]. Administrative Science Quarterly, 2015, 60(3): 482-517.

[182] Pruthi, Sarika, Wright M, etal. Do Foreign and Domestic Venture Capital Firms Differ in Their Monitoring of Investees[J]? Asia Pacific Journal of Management, 2003, 20 (2): 175-204.

[183] Puri, Manju, Zarutskie R. On the Life Cycle Dynamics of Venture-Capital- and Non-Venture-Capital-Financed Firms[J]. The Journal of Finance, 2012, 67 (6): 2247-2293.

[184] Reuer, Jeffrey J, Devarakonda R. Partner Selection in R&D Collaborations: Effects of Affiliations with Venture Capitalists[J]. Organization Science, 2017, 28 (3): 574-595.

[185] Robb, Alicia M, Robinson D T. The Capital Structure Decisions of New Firms[J]. The Review of Financial Studies, 2014, 27 (1): 153-179.

[186] Ripsas, Sven, Steffen Tröger." Deutscher Startup Monitor 2014[M]." Berlin: KPMG, 2014.

[187] Scaringella, Laurent, Radziwon A.Innovation, Entrepreneurial, Knowledge, and Business Ecosystems: Old Wine in New Bottles[J]? Technological Forecasting and Social Change, 2018, 136 (11): 59-87.

[188] Schumpeter, Alois J. The Theory of Economic Development[J]. Translated from the German by Redvers Opie. Harvard: Economic

Studies, 1934, 46: 1600-0404.

[189] Shane S, Venkataraman S.The Promise of Entrepreneurship as a Field of Research[J]. Academy of Management Review, 2000, 25(1): 217-226.

[190] Shepherd, Dean A, Souitaris V, etal. Creating New Ventures: A Review and Research Agenda[J]. Journal of Management(in press), 2020: 1-32.

[191] Sørensen, Morten. How Smart Is Smart Money? A Two-Sided Matching Model of Venture Capital[J]. The Journal of Finance, 2007, 62 (6): 2725-2762.

[192] Sorenson, Olav, Stuart T E.Bringing the Contex Back in: Settings and the Search for Syndicate Partners in Venture Capital Investment Networks[J]. Administrative Science Quarterly, 2008, 53 (2): 266-294.

[193] Spigel, Ben. The Relational Organization of Entrepreneurial Ecosystems[J]. Entrepreneurship Theory and Practice, 2017, 41 (1): 49-72.

[194] Spigel, Ben, Harrison R. Toward a Process Theory of Entrepreneurial Ecosystems[J]. Strategic Entrepreneurship Journal, 2018, 12 (1): 151-168.

[195] Spilling O R. The Entrepreneurial System: On Entrepreneurship in the Context of a Mega-Event[J]. Journal of Business Research, 1996, 36(1): 91-103.

[196] Stam E. Entrepreneurial Ecosystems and Regional Policy: A Sympathetic Critique[J]. European Planning Studies, 2015, 23(9): 1759-1769.

[197] Stam, Erik, Ven A V D.Entrepreneurial Ecosystem Elements[J]. Small Business Economics, 2019, 53(4): 1-24.

[198] Szerb, Lász1ó, Aidis R, etal. The Comparison of the Global Entrepreneurship Monitor and the Global Entrepreneurship and

Development Index Methodologies[J]. FoundationsAnd Trends in Entrepreneurship, 2013, 9(1): 1-153.

[199] Tansley A G. The Use and Abuse of Vegetational Concepts and Terms[J]. Ecology, 1935, 16(3): 284-307.

[200] Tsujimoto M, Kajikawa Y, Tomita J.A Review of the Ecosystem concept—Towards Coherent Ecosystem Design[J]. Technological Forecasting and Social Change, 2018, 136: 49-58 .

[201] Tykvová, Tereza. WHAT DO ECONOMISTS TELL US ABOUT VENTURE CAPITAL CONTRACTS[J]? Journal of Economic Surveys, 2007, 21 (1): 65-89.

[202] Tykvová, Tereza, Schertler A.Cross-Border Venture Capital Flows and Local Ties: Evidence from Developed Countries[J]. The Quarterly Review of Economics and Finance: Journal of the Midwest Economics Association, 2011 51 (1): 36-48.

[203] Osnabrugge V, Mark. A Comparison of Business Angel and Venture Capitalist Investment Procedures: An Agency Theory-Based Analysis[J]. Venture Capital : An international journal of entrepreneurial finance, 2000, 2 (2): 91-109.

[204] Vandenbroucke, Elien, Mirjam Knockaert, etal. Outside Board Human Capital and Early Stage High–Tech Firm Performance[J]. Entrepreneurship Theory and Practice, 2016, 40 (4): 759-779.

[205] Wright M, Abdelgawad S G. Contextualization and the Advancement of Entrepreneurship Research[J]. Small Business Journal, 2014, 32(5): 479-500.

[206] Wright M, Lockett A.The Structure and Management of Alliances: Syndication in the Venture Capital Industry[J]. Journal of Management Studies, 2003, 40(8): 2073-2102.

续表

	Coef.	Std.Err.	z	P>z	[95%Conf.	Interval]
invest_hhi	0.085	0.046	1.850	0.065	−0.005	0.175
diwei	0.061	0.090	0.670	0.501	−0.116	0.238
Female	−0.041	0.050	−0.830	0.407	−0.139	0.056
for	−0.111	0.056	−2.000	0.046	−0.220	0.002
_cons	0.170	0.019	9.090	0.000	0.133	0.206
TeamSize						
con	0.000	0.000	1.110	0.266	−0.000	0.001
invest_hhi	−0.179	0.602	−0.300	0.766	−1.359	1.000
diwei	−0.016	1.180	−0.010	0.989	−2.328	2.296
Female	−0.777	0.649	−1.200	0.231	−2.048	0.495
for	1.408	0.726	1.940	0.052	−0.014	2.831
_cons	5.606	0.146	38.310	0.000	5.319	5.893
var(e.Tingye)		0.071	0.003	0.064		0.078
var(e.TeamSize)		12.073	0.595	10.962		13.297

Generalized structural equation model Number of obs = 824
Response :Tingye
Family : Gaussian
Link : identity
Response : TeamSize
Family : Gaussian
Link : identity
Log likelihood = −2273.2686

	Coef.	Legend
Tingye		
TeamSize	−0.016	_b[Tingye:TeamSize]
Con	−0.000	_b[Tingye: Con]
Invest_hhi	0.085	_b[Tingye:Invest_hhi]
Diwei	0.061	_b[Tingye:Diwei]
Female	−0.041	_b[Tingye:Female]
For	−0.111	_b[Tingye: For]

续表

	Coef.	Legend
_cons	0.170	_b[Tingye:_ Cons]
TeamSize		
Con	0.000	_b[TeamSize: Con]
Invest_hhi	−0.179	_b[TeamSize:Invest_hhi]
Diwei	−0.016	_b[TeamSize:Diwei]
Female	−0.777	_b[TeamSize:Female]
For	1.408	_b[TeamSize: For]
_cons	5.606	_b[TeamSize:_ Cons]
var(e.Tingye)	0.071	_b[/var(e.Tingye)]
var(e.TeamSize)	12.073	_b[/var(e.TeamSize)]

附表 6　董事会席位 BoardSeat 的中介效应结果

Iteration 0: log likelihood = −708.97767
Iteration 1: log likelihood = −708.97767
Generalized structural equation model　Number of obs = 824
Response : Tingye
Family　: Gaussian
Link　　: identity
Response : BoardSeat
Family　: Gaussian
Link　　: identity
Log likelihood = −708.97767

	Coef.	Std.Err.	z	P>z	[95%Conf.	Interval]
Tingye						
BoardSeat	0.006	0.019	0.330	0.743	−0.030	0.042
Con	−0.000	0.000	−0.980	0.326	−0.000	0.000
Invest_hhi	0.088	0.047	1.860	0.062	−0.004	0.180
Diwei	0.061	0.092	0.660	0.506	−0.119	0.242
Female	−0.029	0.051	−0.570	0.570	−0.128	0.071
For	−0.136	0.057	−2.380	0.018	−0.247	−0.024
_cons	0.079	0.012	6.360	0.000	0.054	0.103
BoardSeat						

续表

	Coef.	Std.Err.	z	P>z	[95%Conf.	Interval]
Con	−0.000	0.000	−0.780	0.437	−0.000	0.000
Invest_hhi	0.030	0.088	0.340	0.732	−0.143	0.203
Diwei	−0.043	0.173	−0.250	0.806	−0.382	0.297
Female	−0.004	0.095	−0.040	0.965	−0.191	0.182
For	0.328	0.106	3.080	0.002	0.119	0.536
_cons	0.255	0.021	11.900	0.000	0.213	0.297
var(e.Tingye)	0.074		0.004	0.067	0.081	
var(e.BoardSeat)	0.260		0.013	0.236	0.286	

Generalized structural equation model Number of obs = 824
Response :Tingye
Family : Gaussian
Link : identity
Response : BoardSeat
Family : Gaussian
Link : identity
Log likelihood = −708.97767

	Coef.	Legend
Tingye		
BoardSeat	0.006	_b[Tingye:BoardSeat]
Con	−0.000	_b[Tingye:Con]
Invest_hhi	0.088	_b[Tingye:Invest_hhi]
Diwei	0.061	_b[Tingye:Diwei]
Female	−0.029	_b[Tingye:Female]
For	−0.136	_b[Tingye: For]
_cons	0.079	_b[Tingye:_ Cons]
BoardSeat		
Con	−0.000	_b[BoardSeat: Con]
Invest_hhi	0.030	_b[BoardSeat:Invest_hhi]
Diwei	−0.043	_b[BoardSeat:Diwei]
Female	−0.004	_b[BoardSeat:Female]

续表

	Coef.	Legend
For	0.328	_b[BoardSeat: For]
_cons	0.255	_b[BoardSeat:_Cons]
var(e.Tingye)	0.074	_b[/var(e.Tingye)]
var(e.BoardSeat)	0.260	_b[/var(e.BoardSeat)]

后 记

本书付梓之际，如同涅槃前最后的修炼。为完成一项数据分析反复对计算过程进行核对，为完善一段文稿再三对其字斟句酌，其中的艰辛和快乐也只有自己最能感知。本书是我28年在高校工商管理专业科研和教学实践的积累，也是我8年南京大学读博求知的结晶。

本书的写作得到了许多前辈老师、同事和同学的关心与帮助，首先感谢我的导师茅宁教授的悉心指导，从对初创企业融资与治理研究方向的选择，聚焦到初创企业投资者异质性研究的设计，以及核心观点的形成都是导师悉心指导的结果。导师严谨求实的学术作风、敬业守则的职业素养以及为人处世方面的言传身教使我受益终生。其次感谢南京大学商学院工商管理系的老师们和2012级博士郑莹同学，他们对本书的写作提出了宝贵的意见和建议，同时也凝聚了他们的心血。

刘 虹

2020年10月于武汉